APOCOLOCINTOSE
DO DIVINO CLAUDIO

Apocolocintose do Divino Cláudio

por *Sêneca*

‡

TRADUÇÃO, ESTUDO E NOTAS:
Frederico de Sousa Silva

KOTTER EDITORIAL
Curitiba, 2021

Coordenador editorial
Sálvio Nienkötter

Editor-executivo
Raul K. Souza

Editor-adjunto
Daniel Osiecki
Francieli Cunico

Capa
Jussara Salazar

Projeto gráfico
Andre Luiz C. Mendes

Produção
Cristiane Luiza Nienkötter

Revisão
Ronald Monteiro

Dados Internacionais de Catalogação na Publicação (CIP)
Angélica Ilacqua - CRB-8/7057

Sêneca
Apocolocintose do Divino Cláudio / Sêneca ; tradução, estudo e notas de Frederico de Sousa Silva. — Curitiba : Kotter Editorial, 2021.
208 p.

Tradução do latim
Bibliografia
ISBN 978-65-89624-10-3

1. Filosofia 2. Filosofia estoica 3. Sátira 4. Claudio, Imperador de Roma, 10 A.C. – 54 D.C. I. Título II. Frederico de Sousa Silva

21-0979 CDD 100

KOTTER EDITORIAL

Kotter Editorial
Rua das Cerejeiras, 194
82700-510 | Curitiba/PR
+55 41 3585-5161 | www.kotter.com.br | contato@kotter.com.br

1ª Edição | 2021

A Sirlene, Júlia e Arthur.

Sumário

O texto em latim utilizado nesta tradução é o estabelecido por René Waltz para a edição L'Apocoloquintose du divin Claude, da Belles Lettres, 1934.

INTRODUÇÃO

Discussões políticas, costumes, relacionamentos entre personalidades do mundo romano da corte de Cláudio, imperador à frente de Roma entre 41 e 54 d.C., e principalmente a zombaria em relação à figura desse *princeps* entrelaçam-se na obra *Apocolocyntosis Diui Claudii*, escrita por Sêneca pouco depois da morte do soberano romano. Lúcio Aneu Sêneca nasceu em Córdoba por volta do ano 4 a.C. e o ano 1 de nossa era, mudou-se para Roma e lá completou seus estudos, depois se dirigiu ao Egito, voltando por volta do ano 31 com sua tia que, segundo os dados biográficos, parece ter obtido para Sêneca a questura. Dedicou-se a vários gêneros literários e em cada um deles mostrou versatilidade na arte da escrita. Brilhante e versátil naquilo que escrevia, grande orador, despertou a inveja de Calígula a ponto de este querer matá-lo[1]. Em 41 d.C., tornou-se alvo de Messalina, esposa de Cláudio, e foi hostilizado por este, que o exilou devido a uma acusação de adultério com Júlia Livila, irmã de Calígula. Mandado para a Córsega, em exílio que durou 8 anos, Sêneca concentrou-se em seus estudos e na escrita de algumas obras. Com Messalina morta em 48 d.C., Agripina, a nova esposa de Cláudio, articula o retorno de Sêneca a Roma, o que acontece em 49 d.C., e a partir de então o filósofo se torna o preceptor do jovem Nero. Mesmo que

1 Segundo Dion Cássio (*História Romana*, LXVII, 25, 1), por ciúmes do talento de Sêneca ou por razões políticas, Calígula pensou em matá-lo, sendo depois convencido a não realizar esse intento.

tenha retornado a Roma com a aprovação de Cláudio, a mágoa do exílio e os desmandos desse *princeps* são a matéria da *Apocolocintose*. Em 65 d.C., já afastado das várias atividades políticas, depois de ser o preceptor e principal conselheiro de Nero, suicidou-se por ordem do mesmo imperador a quem educara, em 19 de abril. Por volta de 63 d.C. redige *Quaestiones Naturales*, texto considerado por muitos como escrito depois que se retira da vida pública. Nessa obra, no livro em que escreve sobre as águas (uns o classificam como o primeiro livro; outros, como o terceiro do volume), logo no prefácio Sêneca escreve *premit a tergo senectus et obicit anos inter uana studia consumptos. anto magis urgeamus et damna aetatis male exemptae labor sarciat* (a velhice sobrepesa minhas costas e me lança na cara os anos consumidos entre inúteis trabalhos. Apressemo-nos o máximo possível e que o esforço repare os danos de uma vida mal vivida). Nessa obra de maturidade, Sêneca faz referências, nesse trecho, aos anos na corte de Nero e também talvez a todos os anos anteriores em que serviu ao imperador Cláudio. Ainda no prefácio desse livro das *Questões Naturais*, no parágrafo seguinte, nosso autor escreve *nullum enim non tam magnis rebus tempus angustum est –; nunc uero ad rem seriam, grauem, immensam post meridianas horas accessimus*, trecho que traduzimos por "todo tempo é limitado para tão elevadas obras –; mas agora nos ocupamos de assunto sério, importante, imenso depois do meio dia de minha vida". Ressalte-se aí o caráter de confissão de que muitas ações anteriores não foram consideradas tão importantes e sérias para seu próprio crescimento, e para serem disseminadas.

Ativo participante da sociedade e da política romanas, Sêneca nunca perdoou a Cláudio por este tê-lo exilado em 41 d.C. Com a morte do *princeps*, o filósofo não perde a oportunidade de escrever uma invectiva, que põe em contestação o título de divino, atribuído a Cláudio postumamente, e o faz sugerindo não a transformação de Cláudio em um deus, mas sim em um escravo no inferno. Escrita provavelmente pouco tempo após a morte de Cláudio, a *Apocolocintose* é a confluência de vários aspectos que se acumularam durante anos, como o ressentimento de Sêneca por ter sofrido o degredo determinado pelo próprio imperador Cláudio, a quem passou também a servir de 49 a 54 d.C. Além disso, a *Apocolocintose* mostra também o desprezo de Sêneca pela figura do imperador Cláudio, considerado não só incapaz para o cargo que ocupava, mas também tido como abobalhado por quase todos que o cercavam. Essa sátira é, desse ponto de vista, a própria cólera de Sêneca contra as atrocidades que Cláudio cometera contra o filósofo e contra o ideal de governo romano. Por outro lado, o texto de Sêneca também pode ser lido como uma obra que enaltece novos tempos para os romanos, como o prenúncio de uma nova idade do ouro, com a elevação de Nero ao comando de Roma. Nesse sentido, este texto de Sêneca também critica as atitudes de Agripina, mãe de Nero, que pretendia ser a esposa de um deus, possibilidade que poderia contrapor-se aos projetos de Nero. Entendida dessa forma, a *Apocolocintose*, por meio da derrisão, por meio da destruição da imagem de Cláudio, tem o propósito de colocar em posição de destaque o novo soberano dos romanos, ou seja, fazer com que Nero, o novo imperador, se estabeleça à altura dos deuses.

A Sátira Menipeia e o Texto de Sêneca

A antiguidade clássica fornece à posteridade uma gama de gêneros textuais, dentre os quais há um campo especialmente fértil que os antigos denominaram de sério-cômico, em oposição aos chamados gêneros elevados como a epopeia, a tragédia e a história, entre outros. Mikhail Bakhtin, na obra *Problemas da poética de Dostoievski*, cita as seguintes características dos gêneros do sério-cômico:

- ***O tratamento que é dado à realidade***. Para Bakhtin, "O objeto da representação séria (e simultaneamente cômica) é dado sem qualquer distância épica ou trágica, no nível da atualidade, na zona do contato imediato e até profundamente familiar com os contemporâneos vivos (...)". A *Apocolocintose do divino Cláudio* foi escrita logo após ou poucos anos depois da morte do imperador Cláudio. Portanto, grande parte dos acontecimentos relatados por Sêneca era de conhecimento e de, até, testemunho da sociedade romana da época.

- ***A análise crítica que se faz na obra***. "(...) os gêneros do sério-cômico não se baseiam na 'lenda' nem se consagram através dela. (...) na maioria dos casos seu tratamento da lenda é profundamente crítico, sendo, às vezes, cínico-desmascarador", nos revela Bakhtin. Ainda que Sêneca tenha também o propósito de rebaixar o imperador morto para assim realçar as características de Nero, em toda a *Apocolocintose* o autor desnuda os defeitos de Cláudio com a clara intenção de destruir a imagem de divino, concedida pelo senado romano a esse imperador.

- ***Pluralidade de estilos e tons em uma mesma obra***. Combinações como o sublime com o vulgar, o elevado com o baixo, em uma variedade de gêneros intercalados, com uma renúncia à unidade estilística ou unicidade estilística, fazem parte do sério-cômico. Nesta sátira de Sêneca, pode-se perceber que a crítica a Cláudio e o consequente desprezo pela figura do imperador se dão a partir da estrutura da obra, uma vez que o autor sabe que, ao fazer essa mistura de gêneros em um mesmo texto, está elaborando uma obra considerada baixa, em contraposição aos gêneros elevados. Logo, o gênero textual escolhido por Sêneca já remete o leitor da época para o ridículo ou a mediocridade, neste caso para o imperador Cláudio, descrito na obra como homem inferior e tolo.

Em relação ainda às características citadas acima, a sátira menipeia é gênero que tem suas bases calcadas na intertextualidade. É um texto que se estrutura nas relações com outros diversos textos para gerar, assim, os sentidos pretendidos. Ademais, admite-se que a sociedade leitora daquela época conhecia, e muito, os textos da literatura greco-romana, era capaz de fazer as vinculações necessárias para entendimento dos textos, e era comum nesse ambiente intelectual não só citações de outras variadas obras, como também sessões de leitura, para que os textos pudessem ser conhecidos, para que amigos ou próximos pudessem opinar a respeito daquilo que um escritor pretendia levar ao conhecimento de todos. Suetônio, por exemplo, cita no livro de Augusto que este imperador *multa uarii generis prosa oratione composuit, ex quibus nonnulla in coetu familiarium uelut in auditorio recitauit, sicut "Rescripta Bruto de Catone," quae uolumina cum iam senior ex magna parte legisset, fatigatus Tiberio tradidit perlegenda* (Compôs muitas obras de diversos gêneros em prosa, das quais algumas em reunião de familiares leu como em um auditório; por exemplo, 'As respostas a Bruto a respeito de Catão', cuja obra teria lido grande parte quando já estava mais velho, e Tibério, fatigado, terminou de ler esse livro).[2]

Dessa maneira, pode-se pensar que a *Apocolocintose* possa ter sido conhecida primeiramente em leitura pública, reforçando-se, assim, ainda mais as características supracitadas da menipeia, ao se levar em conta a possibilidade de ter sido escrita pouco depois da morte de Cláudio, com as lembranças de suas ações ainda frescas na memória dos leitores, memórias que vão sendo alinhavadas com os mais diversos textos literários, com o objetivo de que, de fato, as críticas a Cláudio fizessem mais efeito. Ainda a respeito das sessões públicas de leitura e mais de meio século depois dos acontecimentos narrados no livro de Augusto, outro autor, Plínio, o jovem, destaca em seu epistolário, em várias cartas, o papel da literatura e do ato de ler em público, para que pessoas pudessem conhecer os textos e opinar. Em um primeiro trecho, da carta 13 do primeiro livro, aponta-se a profusão de leituras acontecendo em Roma naquele momento: *Magnum prouentum poetarum annus hic attulit; toto*

2 Suetônio, *Augusto*, LXXXV.

mense Aprili nullus fere dies, quo non recitaret aliquis. Iuuat me quod uigent studia, proferunt se ingenia hominum et ostentant, tametsi ad audiendum pigre coitur (Este ano produziu uma grande abundância de poetas. Em todo o mês de abril, não houve quase nenhum dia em que alguém não fizesse uma leitura pública. Agrada-me que as obras floresçam, que se revelem os talentos dos homens e que eles se apresentem, ainda que se reúnam com preguiça para a audição). Ainda sobre a estrutura e a forma de como se realizavam essas sessões públicas, Plínio faz o seguinte relato em outra carta:

1 Recitaturus oratiunculam quam publicare cogito, aduocaui aliquos, ut uererer, palcos, ut uerum audirem. Nam mihi duplex ratio recitandi, una ut sollicitudine intendar, altera ut admonear, si quid forte me ut meum fallit. 2 Tuli quod petebam: inueni qui mihi copiam consilii sui facerent; ipse praeterea quaedam emendanda adnotaui. Emendaui librum quem misi tibi. 3 Materiam ex titulo cognosces, cetera liber explicabit, quem iam nunc oportet ita consuescere, ut sine praefatione intellegatur. 4 Tu uelim quid de uniuerso, quid de partibus sentias scribas mihi. Ero enim uel cautior in continendo, uel constantior in edendo, si huc uel illuc auctoritas tua accesserit. Vale.

1 Devendo fazer uma leitura pública de um pequeno discurso que penso publicar, ainda que hesitasse, chamei alguns poucos amigos, mas para que eu ouvisse uma crítica verdadeira. Na verdade, tenho dois motivos para fazer essa leitura pública: um, para que eu me apresente a essa inquietação, o segundo, para que eu seja advertido se me escapa, talvez, algum erro, por ser meu. **2** Levei adiante aquilo que eu desejava: encontrei aqueles que falassem grande quantidade de opiniões; além disso, eu próprio tomei nota de alguns problemas que devem ser corrigidos. Corrigi o livro que te enviei. **3** Tomarás conhecimento do assunto pelo título, o restante o livro explicará, livro que desde já convém que te acostumes a entendê-lo para que se compreenda sem um prefácio. **4** Aquilo que tu sintas a respeito do

> todo, a respeito das partes, gostaria que me escrevesse. Serei, com efeito, mais cauteloso para guardá-lo, ou mais seguro para publicá-lo, se para uma ou outra direção tua autoridade se incline. Adeus.[3]

Outro elemento levado ao conhecimento público se refere ao gênero e às características desse texto de Sêneca. A *Apocolocintose do Divino Cláudio* se insere no estilo do sério-cômico e, especificamente, no gênero sátira menipeia. Sobre a sátira em geral, Quintiliano (*Instituições Oratórias*, X, 1, 93) afirma que é um gênero essencialmente latino e, desse autor, tornou-se famoso e reconhecido o trecho *satira quidem tota nostra est*. Na historiografia literária, muitos críticos se debruçam sobre teorias acerca da sátira e, quase sempre, inscrevem como escritores satíricos latinos Lucílio, Horácio, Pérsio e Juvenal. Deixam de fora Sêneca, talvez por este ter-se firmado como autor de textos filosóficos e não satirista, ou talvez por ter escrito um único texto satírico que não se enquadrasse na afirmação de Quintiliano, uma vez que a *Apocolocintose* guarda reminiscências gregas, não sendo considerada simplesmente uma sátira, mas sim uma sátira menipeia. O próprio Quintiliano (*Instituições Oratórias*, X, 1, 95) faz menção a uma sátira de estilo diferente daquele formulado pelos romanos: *Alterum illud etiam prius saturae genus, sed non sola carminum uarietate mixtum condidit Terentius Varro, uir Romanorum eruditissimus* (Terêncio Varrão, o mais erudito homem entre os romanos, estabeleceu também outro gênero de sátira anterior àquele, não somente de uma única variedade, como também de versos misturados).

A sátira, portanto, assume diferentes vertentes. No mundo romano, a sátira mais conhecida e reconhecida tem fundo moralizante, e o próprio

3 Plínio, o jovem, V, 12, carta enviada a Terêncio Escauro.

Horácio expressa o *ridentem dicere uerum quid uetat?* (que impede, a quem ri, dizer a verdade? *Sermones*, I, I, 24). De um lado, então, está a sátira exclusivamente em versos, dedicada a uma censura às vezes ferina, a uma invectiva mordaz e sem sutilezas contra aqueles que não correspondiam ao antigo modo de vida romano.

Por outro lado, surge também em Roma uma sátira que admite versos de variados metros mesclados à prosa, também invectiva, mas com direito a uma paródia mais refinada. Essa é a sátira menipeia, cujas origens remontam ao mundo grego, especificamente a Menipo de Gadara, que havia formulado um tipo especial de literatura, no século III a.C., mordaz, agressiva e polêmica. O romano Varrão, no século I a.C., escreveu, entre vários gêneros, textos que resultaram na união do sério com o jocoso. Varrão seguiu Menipo na mescla de prosa com versos, no uso de uma linguagem rica em recursos, como jogos de palavras, citações em grego, formas cultas aliadas a formas vulgares.

A *Apocolocintose* é inegavelmente uma sátira menipeia tanto na forma como no conteúdo. Há na obra de Sêneca passagens em que se utiliza às vezes linguagem vulgar, outras vezes linguagem erudita, em um grande jogo retórico. Ainda se fazem presentes citações gregas, e os gêneros sérios, como a epopeia, a tragédia, a história, são parodiados. Nesse gênero satírico, a intertextualidade é uma de suas bases mais importantes. No século XX, Northrop Frye, na obra *Anatomia da Crítica*, conceituou a sátira menipeia, assim como Enylton J. de Sá Rego também a relacionou em seu estudo *O calundu e a panaceia: Machado de Assis, a sátira menipeia e a tradição luciânica*. Não há um estudo sistemático e detalhado dedicado exclusivamente à caracterização da sátira menipeia; entretanto, Mikhail Bakhtin, em *Problemas da poética de Dostoievski*, estudou e elencou quatorze particularidades da sátira menipeia, que arrolamos abaixo.

A primeira característica relacionada por Bakhtin liga-se ao elemento cômico. Na Menipeia, segundo o autor, há a presença acentuada do elemento cômico. A palavra cômico chegou até nós por meio dos gregos, via latim[4]. Pode-se afirmar que o cômico se dá pela conciliação de situações aparentemente incompatíveis, com a intenção de produzir o riso. O riso é oriundo da fusão de uma ideia lógica e, simultaneamente, absurda. "Aristóteles é o primeiro teórico a esboçar dois tipos de riso, um "riso vituperioso" que pressupõe por necessidade a invectiva pessoal, e um riso sem vitupério, sem dor, que o filósofo vincula de modo arbitrário à comédia (...)[5]."

A característica seguinte diz respeito à "excepcional liberdade de invenção do enredo e filosófica. Isso não cria o menor obstáculo ao fato de os heróis da menipeia serem figuras históricas e lendárias[6]". Além disso, a menipeia está livre das histórias que pretendem ser História e não há nela nenhuma exigência de verossimilhança.

Na terceira particularidade, "muito amiúde o fantástico assume caráter de aventura, às vezes simbólico ou até místico-religioso. Mas, em todos os casos, ele está subordinado à função puramente ideológica de provocar e experimentar a verdade[7]". Portanto, o recurso da fantasia é utilizado como instrumento para experimentar a verdade e, por meio desse recurso, as ideias e os temas apresentam maior importância. Dessa forma, com o objetivo de criar situações inesperadas, os heróis vão ao céu, ao inferno, a caminhos desconhecidos e são colocados em situações extraordinárias. Por fim, a fantasia serve à busca, à provocação e à experimentação da verdade.

4 Do grego κωμικός para o latim *comicus*.

5 OLIVA NETO, João Ângelo. *Letras Clássicas*, nº. 7, p. 85

6 BAKHTIN, Mikhail. Op. cit. p. 114.

7 BAKHTIN, Mikhail. Op. cit. p. 114.

Outro dado apresentado por Bakhtin diz respeito à conjugação ou mistura de elementos do fantástico com o mundo das camadas mais baixas da sociedade, ao submundo humano. "As aventuras da verdade na terra ocorrem nas grandes estradas, nos bordéis, nos covis de ladrões, nas tabernas, nas feiras, prisões, orgias eróticas dos cultos secretos, etc. Aqui a ideia não teme o ambiente do submundo nem a lama da vida[8]". Bakhtin ainda afirma que essa característica da menipeia relacionada ao naturalismo desenvolveu-se de modo pleno no *Satyricon*, de Petrônio.

Apresentar o homem na sua essência e na sua totalidade é a quinta característica da menipeia no estudo de Bakhtin. Importante atributo da anatomia – termo utilizado por Frye –, apresenta-se aqui uma extrema capacidade de ver o mundo. "Procura apresentar, parece, as palavras derradeiras, decisivas e os atos do homem, apresentando em cada um deles o homem em sua totalidade e toda a vida humana em sua totalidade[9]". A menipeia, de acordo com essa característica, põe em oposição as atitudes finais do homem no mundo, já livre das conveniências sociais.

A sexta marca da menipeia traz como manifestação a estrutura em planos, a saber, da Terra para o Olimpo e deste para o inferno. Diálogos no limiar, ou seja, no limite ou entrada do céu e/ou do inferno são apresentados também como peculiares à sátira menipeia, e o próprio Bakhtin indica a *Apocolocintose* de Sêneca como um dos melhores exemplos.

"Na menipeia surge a modalidade específica do *fantástico experimental*, totalmente estranho à epopeia e à tragédia antiga. Trata-se de uma observação feita de um ângulo de visão inusitado, como, por exemplo, de uma altura na qual variam, acentuadamente, as dimensões dos fenômenos da vida em

8 BAKHTIN, Mikhail. Op. cit. p. 115.

9 Ibidem. P. 115.

observação[10]." Essa nova experiência ou novidade na escrita marca a sétima característica descrita por Bakhtin.

Os estados psicológico-morais anormais do homem – loucura do herói, amnésias, dupla personalidade, devaneios incontidos, sonhos extraordinários, paixões limítrofes com a loucura – marcam a oitava característica da sátira menipeia. A destruição da integridade e da perfeição do homem é facilitada pela atitude dialógica, que aparece na menipeia. "As fantasias, os sonhos e a loucura destroem a integridade épica e trágica do homem e do seu destino: nele se revelam as possibilidades de um outro homem e de outra vida, ele perde a sua perfeição e a sua univalência, deixando de coincidir consigo mesmo[11]."

A nona característica está na linha da violação das normas. Cenas de escândalos, de comportamentos excêntricos, de declarações inoportunas também estão presentes. Incluem-se aí as violações do discurso com a mistura do formal com o informal, com os escândalos e com as manifestações extravagantes nas cenas descritas. "A palavra inoportuna é inoportuna por sua franqueza cínica ou pelo desmascaramento profanador do sagrado ou pela veemente violação da etiqueta.[12]"

O alto e o baixo, os contrastes agudos e jogos de oximoros, a elevação e a decadência e as mudanças bruscas marcam a característica seguinte da menipeia, retratada por Bakhtin.

O elemento utópico também integra a menipeia, com a apresentação de lugares exóticos, misteriosos, com o mundo às avessas, marcando assim uma outra característica desse gênero de sátira.

10 Ibidem. P. 116.

11 Ibidem. P. 117.

12 Ibidem. P. 118.

Importante traço é a décima segunda característica apresentada por Bakhtin, em que o autor relata que o uso de gêneros intercalados são uma constante nas menipeias. Além disso, há a fusão dos discursos da prosa e do verso, como já havia sido comentada por Quintiliano (*Inst. Or.* X, 1, 95) no século I d.C. e, sobre os versos, Bakhtin afirma: "As partes em verso se apresentam com certo grau de paródia[13]".

A variada gama de gêneros reforça a multiplicidade de estilos no interior da menipeia, e essa é outra marca da sátira, assim como também, para finalizar as características apresentadas por Bakhtin, o enfoque em tom mordaz que o texto dá à atualidade, com discussão aberta com diversas escolas ideológicas, filosóficas e religiosas. Há uma constante presença de figuras atuais ou recém-desaparecidas e uma variada alusão a acontecimentos da época.

Portanto, levando-se em conta o que os teóricos apresentaram a respeito da menipeia, pode-se dizer que há em comum, na teoria da sátira menipeia, uma técnica de desintegração, de corrosão, de um homem ou de um tema, e a *Apocolocintose do divino Cláudio* retrata exatamente essa corrosão de Cláudio, imperador morto em 54 d.C.

A *Apocolocintose do divino Cláudio*

A palavra apocolocintose é formada do radical *apo-*, que contém também a ideia de transformação, mais a palavra *colocynthis*, cujo sentido literal é erva cabaça, da família das cucurbitáceas. Cucúrbita é outra palavra de origem latina que significa abóbora. Acrescente-se ainda na formação da palavra o sufixo *-osis*, cujo significado é ação, processo. Dessa maneira, o título da

13 BAKHTIN, Mikhail. Op. cit. p. 118.

obra adquire o significado de 'aboborificação do divino Cláudio' ou, ainda, 'transformação do divino Cláudio em abóbora'. O termo apocolocintose, portanto, poderia suscitar dúvidas na leitura da obra porque não há, com efeito, o processo de transformação literal de Cláudio em abóbora. Entretanto, o texto de Sêneca é extremamente irônico, e a ironia em literatura "torna-se muito comumente uma técnica de dizer o mínimo e de significar o máximo possível, ou, de modo mais geral, uma configuração de palavras que se afasta da afirmação direta ou de seu próprio sentido óbvio[14]". Mesmo com a discussão pertinente a respeito do nome *Apocolocyntosis* – transformação em abóbora –, havia entre os romanos do mundo clássico a metáfora de indicar a alguém a designação abóbora com o sentido de sujeito bobo, de pessoa abestalhada, sem valor ou até mesmo débil. Interessante observar que, na língua latina, a palavra abóbora não representa somente o vegetal, mas também designa uma pessoa fora do padrão romano ou simplesmente um bobo. A partir desse raciocínio, o título da obra – embora não haja aí a transformação física de Cláudio em abóbora – faz sentido caso se busquem as críticas em que se ridiculariza o imperador morto, associando-o a um tolo. Ainda se observa que o imperador Cláudio se torna um joguete, uma abóbora que passa de mão em mão, rechaçada no céu, na terra – evidenciado pelo canto fúnebre – e por último no inferno. Da mesma forma que na modernidade há as metáforas para indicarem uma característica a pessoas, na antiguidade também havia. Como exemplo, o termo abóbora, com sentido de bobo, aparece também em outros autores latinos. Apuleio, nas Metamorfoses ou *O Asno de ouro*, utiliza-se do termo com clara alusão pejorativa, como na seguinte passagem:

> *Quid? Tu, inquit, ignoras latronibus infestari uias, qui hoc noctis iter incipis? Nam etsi tu alicuius facinoris tibi conscius scilicet mori cupis, nos cucurbitae caput non habemus ut pro te moriamur.* (Quê? Tu, diz, que começas a viagem

14 FRYE, Northrop: 1973, 46.

nesta noite, ignoras que os caminhos estejam infestados por ladrões? Com efeito, embora tu desejes morrer sem dúvida consciente de algum crime, não temos nós cabeça de abóbora para que morramos em prol de ti.[15])

Em outra passagem dessa obra, Apuleio compara de forma pejorativa a abóbora a uma cabeça calva, quando escreve: *At ego misera primum patre meo seniorem maritum sortita sum, dein cucurbita caluiorem et quouis puero pusilliorem* (e eu, desgraçada, primeiramente, caiu-me por sorte um marido mais velho do que meu pai, depois mais calvo do que uma abóbora e mais anão que qualquer criança)[16].

Além do uso negativo do termo *colocynthis*, Dion Cássio (LX, 35, 3-4), historiador nascido no século II d.C, afirma que Nero deixou, de forma irônica, uma observação sobre a morte de Cláudio. Nero declarou serem os cogumelos o alimento dos deuses, já que Cláudio, por intermédio dos cogumelos, tornara-se um deus, ou seja, fez uma insinuação sobre o que levou Cláudio à morte. Plínio[17], o jovem, é outro que escreve afirmando que Nero consagrou com desprezo Cláudio aos céus. Tácito (*Anais*, XII, 67) relata a cena da morte de Cláudio dessa maneira: *Adeoque cuncta mox pernotuere ut temporum illorum scriptores prodiderint infusum delectabili boleto uenenum* (de tal forma todos os acontecimentos logo se tornaram públicos que os escritores daquele tempo tenham revelado o veneno vertido em agradável cogumelo). Ainda sobre a relação de Cláudio com os cogumelos, o satirista Juvenal faz referências em duas sátiras, na V e na VI, e escreve: *uilibus ancipites fungi ponentur amicis,/ boletus domino, sed quales Claudius edit/ ante illum uxoris, post quem nihil amplius edit* (Aos amigos de pouco valor, cogumelos

15 *Metamorfoses* ou *O Asno de Ouro*, I, 15.

16 Ibidem, V, 9.

17 *Panegyricus*, XI, 1: *Dicauit coelo (...) Claudium Nero, sed ut irrideret* (Nero consagrou Cláudio ao céu, mas com zombaria).

duvidosos serão servidos, mas será servido um cogumelo ao dono tal como Cláudio comeu daquele da esposa, depois do qual nada mais comeu)[18] e ainda na sátira seguinte: *minus ergo nocens erit Agrippinae/ boletus, siquidem unius praecordia pressit/ ille senis tremulumque caput descendere iussit/ in caelum et longa manantia labra saliua* (portanto, menos nocivo será o cogumelo de Agripina, visto que ele comprimiu as entranhas de um velho e ordenou sua cabeça trêmula, com os lábios contínuos de extensa baba, a ir para o céu)[19]. Juvenal, dessa maneira, aponta para essa preferência culinária de Cláudio e esclarece para o leitor as circunstâncias da morte desse *princeps*. Para além disso, cogumelo era um prato romano. Suetônio relata, n'Os doze Césares, no livro de Tibério, que este imperador instituíra um novo ofício, relacionado a uma espécie de gestão dos prazeres e, em um desses vícios, segundo Suetônio, deu duzentos mil sestércios para a produção de um diálogo envolvendo o cogumelo: *Asellio Sabino sestertia ducenta donauit pro dialogo, in quo boleti et ficedulae et ostreae et turdi certamen induxerat. Nouum denique officium instituit a uoluptatibus, praeposito equite R. T. Caesonio Prisco* (A Asélio Sabino [Tibério] deu duzentos mil sestércios por um diálogo no qual cogumelos, papa-figos, ostras e tordos representavam uma disputa. Enfim, um novo ofício de prazeres, estando à frente disso o cavaleiro R.T. Cesônio Prisco)[20].

O título da obra, dessa maneira, já é em grande medida o sinalizador daquilo que aguarda o leitor, ou seja, um texto em que a tônica principal será a derrisão de um imperador por causa de suas ações e, consequentemente, a elevação de um outro imperador considerado pelo autor da sátira como ideal para a romanidade. A obra em si se divide em quinze capítulos de tamanhos e de formas variadas, e apresenta algumas pequenas lacunas. Na sequência,

18 Juvenal, *Sátiras*, V, 146-148.

19 Ibidem, VI, 620-623.

20 Suetônio, *Tibério*, XLII.

apresentam-se comentários a respeito da *Apocolocintose*, comentários que evidenciam algumas das várias relações estabelecidas pelo texto de Sêneca e que, seguindo a lição de Bakhtin e o que se propõe na sexta característica da menipeia, se dividem em 3 partes, a saber, as ações passadas na Terra (I, 1 a IV, 3), as transcorridas no céu (V, 1 a XI, 6) e depois as do mundo inferior (XII, 1 a XV, 2).

Primeira parte:
Terra (I, 1 a IV, 3)

Esta primeira parte da *Apocolocintose* trata das últimas ações ocorridas de Cláudio, seus momentos finais, bem como o anúncio de uma nova era, de um novo século de ouro sob Nero. Sêneca inicia, assim, seu texto:

Quid actum sit in caelo ante diem III. idus Octobris anno nouo, initio saeculi felicissimi, uolo memoriae tradere. Nihil nec offensae nec gratiae dabitur. Haec ita uera si quis quaesiuerit unde sciam, primum, si noluero, non respondebo. Quis coacturus est? Ego scio me liberum factum, ex quo suum diem obiit ille qui uerum prouerbium fecerat, aut regem aut fatuum nasci oportere.	Desejo transmitir à história aquilo acontecido no céu no terceiro dia antes dos idos de outubro, em um ano-novo, no início de um século muito feliz. Sobre ofensa e sobre gratidão não será dito nada. Dessa maneira, essas são as verdades. Caso alguém pergunte de que lugar as conheço, primeiramente, se eu não desejar, não responderei. Quem é obrigado a falar? Quanto a mim, sei que me tornei livre desde que morreu aquele que fizera verdadeiro o provérbio "é melhor nascer ou rei ou tolo". (*Apocol.*, I,1).

A estrutura inicial dessa sátira imita estrutura comum aos historiadores, remetendo assim o leitor para um texto histórico. Entretanto, ainda no primeiro período, há uma quebra dessa expectativa histórica com a inserção de elemento que remete para o fantasioso: a palavra céu. Essa palavra marca o início da brincadeira proposta pelo escritor e mostra que a pilhéria, o gracejo, estará presente, e que o texto que o leitor tem em mãos não tratará de matéria histórica. Interessante observar que a pilhéria proposta pelo texto se choca com um tema caro aos romanos: a morte. O respeito aos mortos pelos romanos era proveniente da *pietas* (piedade) e da ideia de que a vida poderia continuar nos infernos, daí as homenagens e as celebrações fúnebres. Entretanto, Sêneca estrutura seu texto dessacralizando essa ideia, característica presente na base da sátira menipeia, tanto que a palavra céu – *Quid actum sit in caelo ante diem III. idus Octobris anno nouo* (aquilo acontecido no céu no terceiro dia antes dos idos de outubro, em um ano-novo) – quebra a estrutura da passagem inicial da *Apocolocintose*. Um texto principiado por uma exposição séria, ao estilo dos historiadores, em que se propõem verdades, não se encaixa com a ficcionalidade proposta pelo termo *caelo* (céu). Para o leitor, conhecedor das referências textuais, o terceiro dia antes dos idos de outubro, treze de outubro em nosso calendário, é a data oficial da morte de Cláudio e, assim, uma crítica mais dura a esse imperador já ocorre no início da *Apocolocintose*.

O fantasioso, então, é instaurado, mas de forma séria, em uma linguagem de historiador. Como dito, uma crítica mais incisiva é pressuposta no trecho que noticia o início de um ano novo feliz, exatamente o dia 13 de outubro, a data da morte de Cláudio, mas, além dessa crítica, já há aí nesse trecho um começo de construção do principado de Nero, com a informação do ano novo, de um novo século, evocado na sentença *initio saeculi felicissimi* (no início de um século muito feliz). Esse mesmo parecer, negativo, sobre o período de Cláudio à frente dos romanos e a ascensão de Nero se encontra em outro trecho do mesmo Sêneca, na obra *De Clementia*, em que o autor assim se pronuncia:

Nunc profecto consentire decebat ad aequum bonumque expulsa alieni cupidine, ex qua omne animi malum oritur, pietatem integritatemque cum fide ac modestia resurgere et uitia diuturno abusa regno dare tandem felici ac puro saeculo locum.	Sem dúvida, agora, uma vez que se removeu a cobiça do alheio, origem de todos os males da alma, convinha pôr-se de acordo com a equidade e o bem, fazer ressurgir a piedade e a integridade junto à lealdade e à modéstia, e fazer os males praticados em longo período de soberania, finalmente, darem lugar a um século de felicidade e pureza[21].

Essa fórmula, portanto, era bastante conhecida e utilizada em vários gêneros. À guisa de exemplo, outro autor que se utiliza do mesmo expediente é Tácito, na obra *Vida de Agrícola*, quando informa: *(...) et quamquam primo statim beatissimi saeculi ortu Nerua Caesar res olim dissociabilis miscuerit, principatum ac libertatem (...)* [(...) e todavia, primeiramente, no início de um felicíssimo século, sem demora César Nerva tenha unido coisas outrora incompatíveis, o principado e a liberdade (...)][22].

No estilo de buscar elementos dos textos históricos e utilizar na menipeia, a sequência *nihil nec offensae nec gratiae dabitur* (sobre ofensa e sobre gratidão não será dito nada) é particularmente irônica. O período acorda-se com o espírito histórico porque, para Sêneca, não havia mesmo ofensa, já que a conduta de Cláudio à frente de Roma não era, de acordo com o filósofo, merecedora de crédito. Tácito, autor citado acima, tornou famosa a expressão *sine ira et studio*, considerada preceito básico para o historiador, que é escrever de forma imparcial. No caso deste texto de Sêneca, ao emular o texto histórico e utilizar-se de aspectos retóricos, acentua-se seu caráter crítico porque

21 *De Clementia* (I, I, 4), de Sêneca. Tradução de Ingeborg Braren. Editora Vozes, p. 43.

22 *Agricola*, 3, 1.

aqui não há a imparcialidade e, sim, o desejo de fazer com que uma imagem detestável de Cláudio venha à tona.

Ainda na análise do primeiro trecho da *Apocolocintose*, Sêneca escreve: *Si noluero, non respondebo. Quis coacturus est? Ego scio me liberum factum* ... (Se eu não desejar, não responderei. Quem é obrigado a falar? Quanto a mim, sei que me tornei livre...). No período, Sêneca se utiliza de 'obrigado', forma aí antitética a 'livre', numa sutil denúncia de como poderiam ser as relações na corte de Cláudio, aludindo de forma irônica a uma possível obrigação de falar, de se pronunciar algo sob as ordens de Cláudio, ou de outro modo, de ter que se pronunciar sem concordar com aquilo que é expresso. A seguir insere uma outra marca da menipeia, a saber, o provérbio *aut regem aut fatuum nasci oportere* (é melhor nascer ou rei ou tolo), que apresenta uma dupla negativa em relação a Cláudio, uma vez que os romanos não viam com agrado o exercício do poder por um rei. Segundo o historiador moderno Géza Alföldy, os soberanos de Roma em seu início eram os etruscos, que ostentavam o título de reis, e "Roma foi efetivamente libertada do domínio dos reis etruscos por uma revolta contra a monarquia, que teve provavelmente lugar por volta de 508, ou alguns anos mais tarde"[23]. Além disso, a outra marca negativa, que surge dessa máxima citada pelo narrador, faz referência à percepção de como Cláudio era visto como um tolo, até mesmo por parentes próximos, como relata Suetônio em passagem em que a própria mãe do imperador o despreza[24]. Tirania no poder exercido por um tolo é a crítica de

---

23 ALFÖLDY, Géza. *A história social de Roma*. P. 20.

24 *Mater Antonia portentum eum hominis dictitabat, nec absolutum a natura, sed tantum incohatum; ac si quem socordiae argueret, stultiorem aiebat filio suo Cláudio* (Antônia, a mãe, repetia muitas vezes ele / Cláudio/ ser um portento, nem sequer acabado pela natureza, mas simplesmente esboçado; e caso ela acusasse alguém de estupidez, dizia-lhe ser mais tolo do que seu filho Cláudio – Suetônio, *Cláudio*, 3). Interessante observar o emprego ambíguo e irônico da palavra *portentum* (portento), visto que essa palavra apresenta também sentido positivo, significando prodígio, maravilha, milagre ou indivíduo extraordinariamente talentoso, inteligente e capaz, bem como significa monstruosidade.

Sêneca nesta passagem estudada da *Apocolocintose*. Ao inserir o provérbio, que é de cunho informal e popular, encontra-se no trecho uma característica da menipeia, e mais outra característica da mesma sátira na fusão deste provérbio com o texto culto que emula o texto histórico.

Na continuação desta primeira parte, Sêneca escreve:

Si libuerit respondere, dicam quod mihi in buccam uenerit. Quis unquam ab historico iuratores exegit? Tamen, si necesse fuerit auctorem producere, quaerito ab eo qui Drusillam euntem in caelum uidit: idem Claudium uidisse se dicet iter facientem "non passibus aequis". Velit nolit, necesse est illi omnia uidere quae in caelo aguntur: Appiae Viae curator est, qua scis et Diuum Augustum et Tiberium Caesarem ad deos isse.

Se for prazeroso responder, direi aquilo que me virá à boca. Quem avaliou alguma vez os juramentos de um historiador? Todavia, se for necessário apresentar um fiador, procura aquele que viu Drusila, que ia para o céu: ele mesmo dirá ter visto que Cláudio percorria 'com passos desiguais' o mesmo caminho. Queira ou não, para aquele que viu Drusila ascender é inevitável ver todas as coisas que se passam no céu: ele é o encarregado da via Ápia, por onde tu sabes ter ido para junto dos deuses não só o divino Augusto mas também Tibério César (*Apocol.*, I, 2).

Na passagem acima, o termo *bucca* (boca) em *dicam quod mihi in buccam uenerit* (direi aquilo que me virá à boca) marca o coloquialismo. O vocábulo *bucca* é de cunho coloquial e popular e se opõe ao étimo latino *os*, que também significa boca, mas é de cunho erudito. A informalidade, a palavra solta e, às vezes, vulgar, a mistura do formal com o informal, como já visto na introdução, é a nona característica da sátira menipeia elencada por Bakhtin. Além disso, o segmento 'direi aquilo que me virá à boca' é presença constante na literatura latina, principalmente em textos nos quais se permite uma maior informalidade, como as cartas que Cícero enviou a Ático. A título de exemplo, em uma das cartas, Cícero escreve ao amigo dessa forma: *Si rem nullam habebis, quod in buccam uenerit, scribito* (se não tens nenhum assunto, escreve o que vier à boca – *Ad. Att.* I, 12, 4). O mesmo Cícero repete a expressão em outra epístola: *tu, quaeso, crebro ad me scribe uel quod in buccam uenerit* (tu, por favor, escreve com frequência até mesmo o que vier à boca – *Ad. Att.* 7, 10). Marcial, autor do final do primeiro século depois de Cristo, em seus epigramas, cuja estrutura além da maior informalidade e do despojamento ainda apresenta tom mordaz, assim se dirige a um homem chamado Juvato: *Iuuatus: Hic mecum licet, hic, Iuuate, quidquid/ In buccam tibi uenerit, loquaris* (aqui comigo é permitido, aqui, Juvato, que tu fales qualquer coisa que te vier à boca)[25].

De volta à menipeia de Sêneca, a passagem *Quis unquam ab historico iuratores exegit?* (quem avaliou alguma vez os juramentos de um historiador?) retoma a ideia de que os dados a serem propostos são História. Entretanto, da mesma forma que, no início de seu texto, Sêneca inseriu a palavra *céu* – quebrando dessa maneira a historicidade –, nesse trecho o autor sugere que um historiador deva jurar sobre aquilo que vai escrever, ou seja, a ironia do autor está na absurda ideia de um historiador ter de colocar sob juramento aquilo que pesquisa e compõe. Ainda no decorrer desse excerto, o escritor apresenta seu fiador, Lívio Gemino, que com traços escarnecedores é relacionado como testemunha daquilo que o autor contará. Sem nomeá-lo, Sêneca reporta à passagem histórica em que o encarregado de cuidar da via Ápia havia sido subornado por Calígula para afirmar ter visto Drusila, irmã-amante do imperador, dirigir-se ao céu como divindade. De Sêneca, o trecho é: *quaerito ab eo qui Drusillam euntem in caelum uidit* (procura aquele que viu Drusila, que

25 Marcial, XII, 24.

ia para o céu). Acerca de Calígula, Suetônio relata essa estranha relação dele com as irmãs, em especial Drusila, da seguinte forma:

Cum omnibus sororibus suis consuetudinem stupri fecit plenoque conuiuio singulas infra se uicissim conlocabat uxore supra cubante. Ex iis Drusillam uitiasse uirginem praetextatus adhuc creditur atque etiam in concubitu eius quondam deprehensus ab Antonia auia, apud quam simul educabantur; (...) Eadem defuncta iustitium indixit, in quo risisse lauisse cenasse cum parentibus aut coniuge liberisue capital fuit. (...) nec umquam postea quantiscumque de rebus, ne pro contione quidem populi aut apud milites, nisi per numen Drusillae deierauit.

Com todas as suas irmãs estabeleceu o hábito de estupro e, em pleno banquete, colocava-as uma a uma, alternadamente, debaixo de si com a esposa deitada por cima. Em relação às irmãs, acredita-se que tenha violado a virgindade de Drusila ainda vestido com a pretexta e, também, acredita-se que ele tenha tido relações sexuais com ela, por vezes apanhado em flagrante por sua avó Antônia, na casa dela no tempo em que ele e Drusila eram educados; (...) Quando Drusila morreu, declarou luto público, durante o qual sorrir, lavar-se, jantar com os pais ou com a esposa ou com os filhos foi crime capital. (...) Nem alguma vez depois, por menor que fosse, nem sequer diante da assembléia do povo ou junto aos soldados, jurou a não ser a favor da divindade de Drusila (Suetônio, *Calígula*, 24).

Sobre Lívio Gemino, a ironia e a comicidade estão presentes na passagem da *Apocolocintose* devido ao encarregado da via Ápia ter visto Cláudio subir aos céus. Ora, Lívio Gemino só viu Drusila ascender mediante suborno realizado por Calígula em prol da irmã. Isso era notícia antiga e sabida por todos e, assim, no caso da *Apocolocintose*, se estabelece a ideia de que há a possibilidade de Cláudio se transformar em um deus somente por meio do aliciamento, da corrupção. Pressupõe-se também uma crítica sutil a Agripina, mãe de Nero e viúva do "deus Cláudio", por fomentar a divinização do imperador junto ao Senado. Da mesma forma, há a crítica ao Senado pela divinização do *princeps* morto. Ainda do excerto *quaerito ab eo qui Drusillam euntem in caelum uidit* (procura aquele que viu Drusila), percebe-se que o autor se dirige, pela primeira vez, a um interlocutor, numa espécie de jogo diatríbico, com intenção persuasiva.

No fragmento estudado, nas palavras de Sêneca, Lívio Gemino *idem Claudium uidisse se dicet iter facientem "non passibus aequis"* (dirá ter visto que Cláudio percorria 'com passos desiguais' o mesmo caminho). Como traço marcante da menipeia, nesta sequência há a inserção de parte de um verso de Virgílio, retirado da *Eneida*[26], verso épico incluído em texto de gênero baixo. Interessante notar que os passos desiguais de Iulo, na *Eneida*, e de Cláudio, na *Apocolocintose*, têm diferentes referenciais. Enquanto que Iulo tem seus passos comparados aos de seu pai, os passos de Cláudio são desiguais nele mesmo, configurando uma alusão irônica aos problemas físicos do imperador. Além dessa alusão, percebe-se no excerto uma outra ideia, que é a possibilidade de os passos desiguais equivalerem, por exemplo, à sua indecisão política, traço marcante de Cláudio a que se referem também os historiadores.

Na sequência, o narrador informa:

Hunc si interrogaueris, soli narrabit. Coram pluribus nunquam uerbum faciet: nam, ex quo in senatu iurauit se Drusillam uidisse caelum ascendentem

Se a este encarregado tiveres interrogado, ele contará somente a ti. Na presença de muitos não dirá uma palavra: na verdade, desde que no Sena-

26 *Iulus/ implicuit sequiturque patrem non passibus aequis* (II, 724).

et illi pro tam bono nuntio nemo credidit, quod uiderit, uerbis conceptis affirmauit se non indicaturum, etiam si in medio Foro hominem occisum uidisset. Ab hoc ego quae tum audiui certa, clara affero, ita illum saluum et felicem habeam.

do jurou ter visto Drusila, que subia para o céu – e em prol de tão boa notícia ninguém acreditou nele –, com palavras inflamadas afirmou que não revelaria o que teria visto, ainda que tivesse visto um homem assassinado no meio do foro. Dele, então, eu ouvi estes fatos, provados e esclarecidos, que conto. Dessa maneira, que eu o tenha saudável e feliz. (*Apocol.*, I, 3).

É característica da menipeia a atualidade dos acontecimentos narrados[27], que podem até ser familiares dos leitores contemporâneos da escrita do referido texto. Neste trecho, Sêneca continua a rememorar até que ponto Calígula chegou para que sua irmã fosse divinizada. Importante notar a construção da figura de Lívio Gemino, cuja conduta é posta sempre em dúvida, cujo caráter é associado aos próprios interesses financeiros. Além disso, Sêneca realça a mediocridade e as contradições do encarregado da via Ápia, como em *quod uiderit, uerbis conceptis affirmauit se non indicaturum, etiam si in medio Foro hominem occisum uidisset* (com palavras inflamadas afirmou que não revelaria o que teria visto, ainda que tivesse visto um homem assassinado no meio do foro). No mesmo período, a expressão *uerbis conceptis* (com palavras inflamadas) é uma ênfase ao juramento de Lívio Gemino, ou seja, ele faz um juramento utilizando-se da fórmula própria existente na época para tal ato, o que realça o aspecto humorístico do excerto. Além da estrutura humorística e irônica no excerto, a ambiguidade também se faz presente em *et illi pro tam bono nuntio nemo credidit* (e em prol de tão boa notícia ninguém acreditou nele), em que se pode interpretar como boa notícia tanto a divinização quanto a morte de Drusila.

27 BAKHTIN, Mikhail. Op. cit. p. 115.

Após um primeiro capítulo cheio de referências ao estilo dos historiadores, prossegue Sêneca com imitação satírica de versos épicos, em que a poesia criticada é aquela que se mostra afetada e sem conteúdo:

Iam Phoebus breuiore uia contraxerat ortum
Lucis et obscuri crescebant tempora somni;
Iamque suum uictrix augebat Cynthia regnum,
Et deformis Hiemps gratos carpebat honores
Diuitis Autumni, iussoque senescere Baccho
Carpebat raras serus uindemitor uuas.

Por um mais curto caminho Febo já reprimira o nascimento
Da luz e aumentavam as horas de um sono sombrio,
E já elevava seu reino a vitoriosa Cíntia,
E o horrendo inverno arrancava os agradáveis enfeites
Do rico outono e, ordenado Baco a envelhecer,
Colhia as últimas uvas um tardio vindimador.

As passagens em versos presentes na *Apocolocintose* são paródias. No trecho acima, imita-se o gênero épico com a intenção manifesta de ridicularizar poesia que mais evidencia erudição e frivolidade do que propriamente cultura poética. O próprio Sêneca, nas *Cartas a Lucílio*, escreve a respeito de certo Júlio Montano, poeta sofrível da época de Tibério. Júlio Montano recitava o dia inteiro um poema em que o nascer e o pôr-do-sol eram a tônica. Sêneca, com o objetivo de crítica, reproduz-lhe os versos: *incipit ardentes Phoebus producere flammas,/ spargere <se> rubicunda dies; iam tristis hirundo/ argutis reditura cibos inmittere nidis/ incipit et molli partitos ore ministrat,/ iam sua pastores stabulis armenta locarunt,/ iam dare sopitis nox pigra silentia terris incipit* (Febo começou a emitir ardentes chamas, o dia clareava róseo; a melancólica andorinha, antes de partir de novo, nos ninhos ruidosos ministra alimento partido em migalhas com o bico delicado; já os pastores instalaram nos redis seus rebanhos; já a noite lenta começa a trazer o silêncio às terras sonolentas)[28].

Aquilo então duramente criticado por Sêneca serve, especialmente, aos intuitos da sátira menipeia em que Cláudio, o imperador morto, é a pessoa a ser zombada. Para isso, assim, Sêneca formula exatamente uma poesia em que se utilizam artifícios retóricos e vazios de expressão, mesclando dessa maneira prosa e verso na *Apocolocintose*. Observe-se que a estrutura poemática na qual deuses são descritos está presente tanto na poesia criticada por Sêneca nas *Cartas a Lucílio* como também no excerto da *Apocolocintose*. É particularmente interessante o início do trecho versificado desta menipeia, no qual o autor insere a palavra *iam* (já), pois é um vocábulo que frequentemente surge neste tipo de estrutura quando se metaforiza, entre outros, uma ação da natureza. No século anterior a Sêneca, por exemplo, Horácio já se valera de idêntica forma: *iam nox inducere terris/ umbras et caelo diffundere signa parabat* (já a noite se dispunha a estender suas sombras sobre as terras e a espalhar estrelas no céu – *Sermones*, I, 5).

Todo o trecho em versos tem unicamente o intuito de poetizar a respeito da passagem do tempo. Os três primeiros versos dizem acerca do pôr-do-sol e consequente surgimento da lua, representados por Febo e sua irmã Cíntia. Os três versos finais relatam sobre as estações, com o fim do outono e respectivo início de inverno. Servem também como uma espécie de introdução para o relato daquilo acontecido no céu no dia treze de outubro, como expresso na abertura da *Apocolocintose* (I, 1). De outro lado, esses versos frívolos são um outro gênero que Sêneca insere em sua sátira para estabelecer relação paródica com o início da *Apocolocintose*, e essas relações estabelecem o gênero sátira menipeia. Outros dados que se podem buscar no trecho, mesmo que se trate de versos que imitam a poesia afetada da época, dizem respeito às

28 SÊNECA, *Cartas a Lucílio*, XX, 122, 11-13.

intenções senequianas. O excerto faz menção à morte de Cláudio, e o verso *iussoque senescere Baccho* (ordenado Baco a envelhecer) tem a sugestão do fim de uma época em que havia um desgoverno. Baco, na mitologia, representa as festividades, o delírio místico que se apodera das pessoas e, mesmo sendo da segunda geração de deuses, como Apolo, este último era representado como deus da racionalidade, da beleza e da inteligência, enquanto Baco é o deus ligado ao impulso[29]. Sêneca aproveita a metáfora das estações e sugere que Baco ordenado a envelhecer é a representação de Cláudio, enquanto Apolo é a representação de Nero, assumida pelo novo imperador.

Essa associação Baco / Cláudio torna-se mais nítida na sequência do texto, quando Sêneca escreve:

Puto magis intellegi si dixero: mensis erat october, dies III. idus octobris. Horam non possum certam tibi dicere: facilius inter philosophos quam inter horologia conueniet. Tamen inter sextam et septimam erat. – Nimis rustice! Adquiescunt omnes poetae, non contenti ortus et occasus describere, ut etiam medium diem inquietent: tu sic transibis horam tam bonam?

Considero que serei mais bem compreendido se eu disser: era o mês de outubro, terceiro dia de seus idos. Não posso dizer-te a hora exata: isso se ajustará mais facilmente entre os filósofos do que entre os relógios. Todavia era entre a sexta e a sétima hora. – Muitas vezes grosseiro! Consentem todos os poetas, descontentes em descrever o nascer do Sol e o ocaso, que também atormentem o meio-dia. Tu, assim, passarás hora tão boa? (*Apocol.* II, 2-3)

Sêneca alude, novamente, a que a poesia estruturada daquela forma é fútil, sem importância, pois é necessária uma paráfrase para explicá-la, como

29 Grimal, Pierre. *Dicionário da Mitologia Grega e Romana.* Bertrand Brasil, 2005.

agora deixa claro em *puto magis intellegi si dixero* (Considero que serei mais bem compreendido se eu disser). Depois faz referência ao falecimento de Cláudio, que podemos associar também por paráfrase à passagem anterior em que Baco é ordenado a envelhecer. Entretanto, o trecho não faz referência direta nem ao nascer, nem ao pôr-do-sol, e sim ao meio-dia, hora oficial da morte de Cláudio. Tácito, nos *Anais*, escreve da mesma forma, informando ser o meio-dia o momento em que anunciaram o novo imperador: *Tunc medio diei tertium ante Idus Octobris, fortibus palatii repente diductis, comitante Burro Nero egreditur ad cohortem, quae more militiae excubiis adest* (então ao meio-dia do terceiro dia antes dos idos de outubro, de repente se abrem as portas do palácio, e Nero, seguido por Burro, dirige-se à coorte que ali fazia, de costume, a guarda – *Anais* XII, 69). Cláudio morrera então na manhã do dia treze de outubro de 54 de nossa era e, possivelmente, Agripina – mãe de Nero – aguardou o momento astrológico ideal para fazer o anúncio. Interessante notar a sutileza de Sêneca em deixar incerto o exato momento da morte de Cláudio, talvez aí uma forma de ele se isentar da participação do ato, já que ele era o preceptor de Nero e também estava no palácio nos momentos finais de Cláudio, bem como tinha ciência do que ali ocorria. Além disso, o autor reporta-se, novamente, a um interlocutor imaginário e faz referência outra vez aos poetas de baixo nível *etiam medium diem inquietent* (que também atormentem o meio-dia), acostumados que estavam a fazer uma poesia afetada e que agora poderiam poetizar sobre o imperador morto. Com o mesmo tom derrisório, insere na sequência mais alguns versos no mesmo estilo frívolo analisado anteriormente:

Iam medium curru Phoebus diuiserat orbem
Et propior nocti fessas quatiebat habenas,
Obliquo flexam deducens tramite lucem.

Já metade da órbita com seu carro Febo havia dividido
E mais próximo da noite as cansadas rédeas movia,
Por oblíquo caminho descendo a arqueada luz.

Esses versos, assim como os anteriores, são paródia de estilo elevado e também paráfrase para o que se narrou no excerto anterior, já que o fato de Febo dividir a metade da sua órbita refere-se ao meio dia. Em seguida, começa preparação para a partida de Cláudio rumo ao céu:

Claudius animam agere coepit, nec inuenire exitum poterat. Tum Mercurius, qui semper ingenio eius delectatus esset, unam e tribus Parcis seducit et ait: "Quid, femina crudelissima, hominem miserum torqueri pateris? Nec unquam tam diu cruciatus cesset? Annus sexagesimus quartus est, ex quo cum anima luctatur. Quid huic et rei publicae inuides?	Cláudio começou a exalar sua alma e não encontrava uma saída. Então Mercúrio, que sempre havia sido agradado pelo engenho dele, chamou à parte uma das três Parcas e disse: "Como, mulher crudelíssima, tu permites que este homem infeliz seja torturado? Nem alguma vez, depois de tanto tempo atormentado, tu consentes que ele descanse? São sessenta e quatro anos com os quais ele luta contra sua alma. Por que invejas a ele e à República?

Na passagem há a referência à agonia pré-morte do imperador. A expressão *animam agere* (exalar sua alma) é também encontrada em outros autores que se utilizaram da mordacidade em seus escritos, como Catulo e Marcial. Catulo (63, 31-33) escreve *furibunda simul anhelans uaga uadit, animam agens,/ comitata tympano Attis per opaca nemora dux,/ ueluti iuuenca uitans onus indomita iugi* (e Átis, louca, errante, em delírio, expirante,/ por bosque umbroso as guia, acompanhada ao tímpano,/ qual novilha que evita, não domada, o jugo)[30]. Já Marcial (I, 79) faz jogo com os diversos sentidos de *agere* e seus complementos: *Semper agis causas et res agis, Attale, semper:/ est, non est quod agas, Attale, semper agis./ Si res et causae desunt, agis, Attale, mulas./ Attale, ne quod agas desit, agas animam* (Sempre defendes causas e fazes coisas, Átalo, sempre:/ tenhas ou não tenhas o que fazer, Átalo, sempre tu fazes algo./ Se faltam coisas e causas a ti, Átalo, conduzes mulas./ Átalo, para que a ti não falte o que fazer, que entregues a alma).

Além dessa construção citada, pode-se buscar também em Aristóteles, na obra *De anima*, o conceito de alma. É particularmente interessante essa relação, porque o texto de Sêneca estabelece contato mais à frente (*Apocolocintose*, XIII, 6) com o texto de Aristóteles. Para o filósofo grego, é próprio da alma o pensar[31] e essa é uma das grandes críticas feita por Sêneca a Cláudio: a falta de cérebro deste para tomar ações coerentes com o ideal de governo romano. No final do fragmento, Mercúrio afirma que *annus sexagesimus quartus est, ex quo cum anima luctatur* (são sessenta e quatro anos com os quais ele luta contra sua alma). De forma irônica, usa-se o verbo lutar (*luctatur*) para a sugestão de que o imperador não vivera, mas travara luta contra sua vida e se esforçara por viver durante 64 anos. Como o gênero do texto é satírico, verifica-se também no trecho a brincadeira que Sêneca faz com o sentido de *anima*, pois essa palavra também significa exalação, cheiro, sarcasticamente podendo atribuir-se aos odores e às flatulências de Cláudio. De forma ambígua, então, a passagem pode sugerir o fim da vida de Cláudio, a alma – *anima* – que sai do corpo no momento da morte, como também significar a tentativa de o imperador se aliviar de gases em seu leito de morte. A palavra *exitus* (saída), em *nec inuenire exitum poterat*, autoriza essa leitura no excerto.

30 *O livro de Catulo*. Edusp, p. 117. Tradução de João Ângelo Oliva Neto.

31 ARISTÓTELES. *De anima*. Editora Martins Fontes, p. 47.

No início deste mesmo fragmento, Sêneca introduz Mercúrio, protetor dos viajantes e comerciantes, entre outras atribuições. Por meio da mitologia dessa divindade, o autor alude às deficiências comerciais enfrentadas sob o governo de Cláudio, ao tecer ironia na passagem *tum Mercurius, qui semper ingenio eius delectatus esset* (...) [Então Mercúrio, que sempre havia sido agradado pelo engenho dele (...)]. Mercúrio, ou melhor, Sêneca, tem como desejo somente a morte de Cláudio, que também é o desejo que se pretende verter em melhoria comercial. Jérôme Carcopino, crítico moderno, assim nos informa: "Para aliviar ou estimular a economia, Cláudio alargou a lei aos libertos dos dois sexos que investissem os seus capitais na armação de navios de comércio"[32].

Outro dado relevante da presença de Mercúrio é a possível antecipação do propósito da *Apocolocintose*, já que esse deus é também caracterizado como um psicopompo, responsável por acompanhar as almas para o inferno. Nesse trecho, o mensageiro dos deuses trava um diálogo com uma das Parcas, à qual questiona retoricamente: *Quid, femina crudelissima, hominem miserum torqueri pateris?* (Como, mulher crudelíssima, tu permites que este homem infeliz seja torturado?). Mercúrio, infere-se, deixa transparecer que a tortura, com efeito, era aquilo que Cláudio fazia ao comércio romano, sofrível naquele momento. Nesse trecho, por exemplo, evidencia-se a terceira característica da menipeia, em que se ressalta o recurso da fantasia como meio de descortinar a verdade. Ainda neste plano terreno, Sêneca dirige sua artilharia para os astrólogos:

Patere mathematicos aliquando uerum dicere, qui illum, ex quo princeps factus est, omnibus annis, omnibus mensibus efferunt. Et tamen non est mirum si

Deixa que os astrólogos uma vez digam a verdade, aqueles que, desde que o príncipe foi nomeado, enterram-no todos os anos, todos os meses. Entre-

32 CARCOPINO, Jérôme. *A vida cotidiana de Roma no apogeu do império*, p. 84.

errant et horam eius nemo nouit: nemo enim unquam illum natum putauit. Fac quod faciendum est: dede neci, melior uacua sine regnet in aula."

tanto não é espantoso que os astrólogos erraram e ninguém soube a hora dele. Ninguém, com efeito, calculou que ele tivesse nascido. Faze aquilo que deve ser feito: *dede neci, melior uacua sine regnet in aula* (entrega-o à morte, consente que o melhor reine no palácio desocupado)".

O primeiro período da passagem é estruturado de forma muito sarcástica, pois Sêneca zomba da pseudociência daqueles que faziam previsões que nunca se concretizavam. Conturbada era a relação dos governantes romanos com os astrólogos e Tácito (*Anais*, II, 32), por exemplo, faz menção aos astrólogos que Tibério tentou expulsar: *facta et de mathematicis magisque Italia pellendis senatus consulta* (o senado lavrou alguns decretos, para fazer sair da Itália os astrólogos e os mágicos). Suetônio (*Tibério*, 36) relata esse mesmo episódio: *Expulit et mathematicos, sed deprecantibus ac se artem desituros promittentibus veniam dedit* (expulsou também os astrólogos, mas com as súplicas deles e com as promessas de que renunciariam a essa ciência, permitiu-lhes ficar). Durante o governo de Cláudio, Tácito (*Anais*, XII, 52) também informa que houve tentativa de nova expulsão: *de mathematicis Italia pellendis factum senatus consultum atrox et inritum* (para lançar fora da Itália os astrólogos, lavrou-se um decreto atroz e, por isso, sem efeito). Portanto, em *Patere mathematicos aliquando uerum dicere, qui illum, ex quo princeps factus est, omnibus annis, omnibus mensibus efferunt* (deixa que os astrólogos uma vez digam a verdade, aqueles que, desde que o príncipe foi nomeado, enterram-no todos os anos, todos os meses), os astrólogos agora, finalmente, acertaram e dizem a verdade, pois o imperador está morto. Aproveitando-se da falta de confiança nos astrólogos, já que chegaram até a ser expulsos algumas vezes de Roma, Sêneca deixa em aberto a hora da morte de Cláudio. Com isso, o escárnio em relação à figura de Cláudio chega ao paroxismo com a sentença *nemo enim unquam illum natum putauit* (ninguém, com efeito, calculou que ele tivesse nascido), período que se relaciona ao embate de Cláudio contra sua alma, narrado no parágrafo anterior da *Apocolocintose*.

Ainda no excerto desta sátira, como importante marca da menipeia ao intercalar verso, prosa e gêneros diferentes – décima segunda característica de acordo com Bakhtin –, Sêneca faz Mercúrio declarar à parca o que ela deveria fazer e, para isso, busca nas Geórgicas de Virgílio o verso adequado: *dede neci, melior uacua sine regnet in aula* (entrega-o à morte, consente que o melhor reine no palácio desocupado). Há no trecho uma clara referência ao novo imperador, Nero, o melhor na visão senequiana e aquele que deve assumir o palácio desocupado. A invectiva de Sêneca prossegue da seguinte maneira:

Sed Clotho: "Ego, mehercules!" inquit, "pusillum temporis adicere illi uolebam, dum hos pauculos qui supersunt ciuitate donaret:constituerat enim omnes Graecos, Gallos, Hispanos, Britannos togatos uidere. Sed, quoniam placet aliquos peregrinos in semen relinqui et tu ita iubes fieri, fiat."	Entretanto, Cloto diz: "Eu, por Hércules, desejava aumentar um pouquinho a vida dele, até que premiasse aqueles poucos que restam com o direito de cidadania – ele tinha determinado, com efeito, que todos, gregos, gauleses, hispanos, britanos, fossem vistos com a toga. Mas, já que é conveniente que se conservem alguns estrangeiros para semente e tu ordenas assim ser feito, então que se faça".

Nesse parágrafo, a Parca Cloto utiliza-se de vocabulário do cotidiano (*pusillum / pauculos*) no diminutivo, que muitas vezes expressa afeição. Entretanto, no período e diante das circunstâncias da obra, as palavras sugerem um desprezo pela figura de Cláudio, configurando-se dessa maneira como mais um dado irônico. A passagem apresenta fatos que os historiadores atestam, e não só no governo de Cláudio, mas era uma tendência romana o crescente reconhecimento do escravo como homem. Segundo Jérôme Carcopino, "no começo do Império, certa *lex Petronia* proibiu o senhor de atirar o seu escravo às feras sem a autoridade dum julgamento. Por meados do século I, um édito do Imperador Cláudio decidiu a libertação dos escravos doentes abandonados pelo senhor; e, pouco depois, um édito de Nero, redigido, talvez, por instigação de Sêneca, que reivindicara fortemente a qualidade de homens para os escravos, encarregou o Prefeito da Cidade de receber e julgar as queixas que eles apresentassem contra a injustiça dos seus senhores[33]". Neste mesmo excerto da *Apocolocintose*, há uma interpolação do autor, uma espécie de comentário em que Sêneca procura explicar ou relembrar os atos de Cláudio em relação à cidadania.

Interessante observar que, além da cidadania para muitos, Cláudio abrira o senado romano para que homens de outros povos que foram submetidos pelos romanos pudessem ser nomeados senadores. Tácito relata isso nos *Anais*, XI, 24-25: *Orationem principis secuto patrum consulto primi Aedui senatorum in urbe ius adepti sunt* (após o discurso do príncipe, os Éduos – com o decreto dos senadores – foram os primeiros que obtiveram, em Roma, o direito de senadores). No entanto, diferente da ideia que tinha em relação aos escravos, tem-se a impressão de que Sêneca critica a possibilidade de outros, que não romanos, tornarem-se senadores. Infere-se que a passagem é uma forma de agradar aos antigos senadores romanos, mostrando de forma crítica e irônica que a ação de Cláudio, nesse sentido, não era bem-vista também por Sêneca e, talvez, por Nero.

Nessa linha de raciocínio, Jérôme Carcopino cita: "Até Cláudio, 'o gabinete' do imperador (...) foi composto unicamente por escravos. (...) os Senadores do Alto Império tiveram que se inclinar silenciosos e com raiva

33 Idem, ibidem, p. 80-81.

no coração perante o poder de antigos escravos que, içados de salto alto aos degraus do trono, cumulados de bens e honrarias, como Narciso ou Pallas, dispunham em nome do Príncipe[34], (...)".

Na continuação da sátira contra Cláudio, o narrador nos fornece a imagem da Parca abrindo sua caixa e revelando-nos as mortes por acontecer.

Aperit tum capsulam et tres fusos profert. Vnus erat Augurini, alter Babae, tertius Claudii. "Hos, inquit, tres uno anno exiguis interuallis temporum diuisos mori iubebo, nec illum incomitatum dimittam. Non oportet enim eum qui modo se tot milia hominum sequentia uidebat, tot praecedentia, tot circumfusa, subito solum destitui. Contentus erit his interim conuictoribus."	Ela então abre uma caixinha e tira três rolos: um era de Augurino, outro de Baba e o terceiro de Cláudio. "Ordenarei, diz, que esses três, neste ano, morram separados por pequenos intervalos de tempo, não enviarei este sem comitiva. Com efeito não convém, de forma súbita, ser deixado sozinho aquele que há pouco via tantos milhares de homens que o seguiam, tantos que o precediam, tantos que o cercavam. Por enquanto, será enterrado com esses companheiros de mesa."

Ficção e fato se misturam nessa passagem, visto que Baba e Cláudio são conhecidos. Este é a causa do libelo de Sêneca, e aquele é também citado pelo filósofo nas *Cartas a Lucílio: Quam tu nunc uitam dici existimas stultam? Babae et Isionis? Non ita est: nostra dicitur* (Tu consideras agora que vida é dita como estulta? A vida de Baba ou de Isião? Nada disso. É da nossa vida que se trata[35]). Sobre Augurino, especula-se que seja nome inventado para,

34 Idem, ibidem, p. 86-87.

35 SÊNECA. *Cartas a Lucílio*, II, 15, 9.

comicamente, aludir-se à reforma no alfabeto produzida pelo imperador satirizado, pois as letras iniciais dos nomes dos três – Augurino, Baba, Cláudio – formam ABC.

A derrisão contra Cláudio se acentua neste fragmento analisado quando Cloto, uma das três Parcas, também não deixa por menos ao se referir ao imperador: *Contentus erit his interim conuictoribus* (por enquanto, será enterrado com esses companheiros de mesa). O dito espirituoso, então, reside na comparação e na equiparação por um nível mais baixo entre o imperador e seus companheiros de mesa. Como visto na passagem das *Cartas a Lucílio*, Baba representa um tipo estúpido que não deve ser seguido, sendo assim associado ao colega de mesa Cláudio. Além disso, a palavra *babaecalus* apresenta o significado de tolo, de imbecil, de idiota, utilizada por Petrônio em seu *Satyricon* e também aqui por Sêneca em um jogo de palavras. No mesmo trecho III, 4 da *Apocolocintose*, a parca Cloto afirma que não convém deixar Cláudio sozinho de forma abrupta, ele que era seguido, precedido e cercado por milhares de homens. Há na passagem uma alusão irônica a que o imperador era tão rodeado de pessoas devido somente ao cargo exercido.

Na sequência, em IV, 1, apresenta-se em versos, em um plano que não é o terreno, a morte de Cláudio. Cloto corta o fio da vida do imperador, vida metaforizada no disforme rolo e novamente relacionado a um rei em *abrupit stolidae regalia tempora uitae* (Interrompeu os tempos de rei de uma estúpida vida). Entretanto, a importância deste longo trecho em versos reside no elogio que se faz à figura de Nero, o novo imperador. Em passagem anterior (*Apocol.*, III, 2) o narrador sugere, buscando versos das *Geórgicas*, que o melhor deve ocupar o palácio desocupado. Agora a Parca Láquesis enfeita-se e há todo um preparativo para receber Nero. Os atos derradeiros de Cláudio se opõem a palavras de cunho bastante positivo em relação a Nero, o jovem imperador, caracterizado com expressões como 'nívea lã', 'precioso metal', 'favoráveis lãs', 'límpida honra', 'resplandecente rosto', como o verso "Do fio formoso descendem séculos de ouro".

Toda a passagem IV, 1 da *Apocolocintose* estrutura-se em versos épicos, para que assim se tenha o tom próprio e necessário para a grandiosidade esperada e se dê de forma relevante a chegada do novo governante de Roma. O excerto é a saudação e a espera de um novo século de ouro, que é profetizado pela Parca. A mesma estrutura pode-se encontrar na *Bucólica IV*, de Virgílio, nesta mistura de gêneros da sátira menipeia e nesta outra relação intertextual presente na *Apocolocintose*. A respeito do século de ouro, os romanos pensavam que o universo estava submetido a um ritmo regular, periódico. Acreditavam que o fim de uma era de horrores era marcado por uma anormalidade e tinham a crença também na virtude regeneradora do universo. Dessa forma, a morte de Cláudio marca o fim de uma época de atrocidades, e Nero é agraciado como o regente do novo século de ouro para os romanos. Sêneca refere-se, então, ao mito das idades da humanidade, em que da idade do ferro – marcada pela ambição – se chega à idade do ouro – época de tranquilidade e paz. Este trecho entra em conformidade com o início da sátira, em que, ao estilo dos historiadores, Sêneca diz transmitir aquilo acontecido no céu no início de um século feliz (*Apocol.*, I, 1).

Com o intuito de exaltar a grandiosidade de Nero, há a introdução das figuras míticas de Titono e de Nestor, representantes da longevidade e da sabedoria, atributos também agora pertencentes a Nero. Todavia, a ênfase na força de Nero está na associação com Apolo, líder das Parcas ou, de outra forma, aquele que comanda o destino. *Ille mihi similis uultu similisque decore/ Nec cantu nec uoce minor* (Ele, a mim semelhante em rosto e em beleza semelhante/ Nem em canto nem em voz inferior) é o que Sêneca escreve. Essa relação Nero/Apolo se dá em vários pontos, e Suetônio refere-se a elas, como em *Nero*, 20, acerca dos dotes musicais desse novo *princeps*: *Inter ceteras disciplinas pueritiae tempore imbutus et musica* (entre outras disciplinas, na sua infância, se imbuíra da música). Em *Nero*, 53, Suetônio escreve que o próprio Nero se dizia parecido com Apolo: *quia Apollinem cantu, Solem aurigando aequiperare existimaretur (...)* [porque igual a Apolo no canto, ao guiar um carro tinha julgado comparar-se ao Sol...]. Nero se projetava nesta inter-relação e era saudado por seus bajuladores como sendo o próprio Apolo. Entre os atributos desse deus, havia a representação da justiça e da liberdade, daí a personificação Nero/Apolo com o intuito claro de marcar uma nova época para o povo romano. Ademais, os governantes romanos se aproveitaram, como era praxe desde Júlio César, dessa associação com os deuses – história que remonta a Eneias, na Guerra de Tróia – e circulavam em Roma moedas em que há a identidade do *princeps* do momento com algum deus.

No prosseguir do texto, Sêneca apresenta esta cena:

Haec Apollo. At Lachesis, quae et ipsa homini formosissimo faueret, fecit illud plena manu, et Neroni multos annos de suo donat. Claudium autem iubent omnes χαίροντας, εὐφημοῦντας ἐκπέμπειν δόμων. Et ille quidem animam ebulliit, et ex eo desiit uiuere uideri. Exspirauit autem dum comoedos audit, ut scias me non sine causa illos timere. Vltima uox eius haec inter homines audita est, cum maiorem sonitum emisisset illa parte, qua facilius loquebatur: "Vae me! puto concacaui me." Quod an fecerit nescio. Omnia certe concacauit.

Isso disse Apolo. Por sua parte, Láquesis, para que ela mesma favorecesse ao formosíssimo homem, com mão cheia fez Nero e lhe dá, de seu próprio bolso, muitos anos. Contrariamente, a Cláudio todos desejam χαίροντας, εὐφημοῦντας ἐκπέμπειν δόμων (alegres e entusiastas levá-lo para fora de casa). E ele, seguramente, morreu e, desde então, deixou de parecer que vivia. Expirou, entretanto, enquanto ouvia atores cômicos, de forma que tu saibas eu não os temer sem motivo. Foi-lhe este o último som ouvido entre os homens, ainda que tivesse deixado escapar os maiores barulhos daquela parte com a qual mais facilmente falava: "Ai de mim, creio que me caguei". Não sei se ele fez isso. O certo é que emporcalhou todas as coisas.

Com uma pausa no louvor a Nero, novamente a narrativa se volta para Cláudio e seus momentos finais na Terra. Intertextualmente, Sêneca busca um verso de uma tragédia perdida de Eurípides, citada por Cícero nas *Tusculanas* (I, XLVII, 115). *Em Et ille quidem animam ebulliit* (e ele, seguramente, morreu), *animam ebulliit* é uma expressão popular, presente também em Petrônio: *Homo bellus, tam bonus Chrysanthus animam ebulliit* (homem belo, tão bom o Crisanto, morreu – *Satyricon*, 42, 3) e *In larvam intraui, paene animam ebulliui* (entrei feito um fantasma, quase expirei a alma[36]).

Nesses dois parágrafos da *Apocolocintose*, a narrador nos informa sobre a morte de Cláudio e, nessa passagem, de forma irônica e humorística, atribui-se aos comediantes uma possível causa para a morte do imperador. Também Suetônio faz menção à presenca de atores cômicos em *Cláudio*, 45: *Mors eius celata est, donec circa successorem omnia ordinarentur. Itaque et quasi pro aegro adhuc uota suscepta sunt et inducti per simulationem comoedi, qui uelut desiderantem oblectarent* (sua morte conservou-se encoberta até que tudo estivesse arranjado em relação ao seu sucessor. Assim, fizeram-se súplicas e mais súplicas, como se ele estivesse doente. Histriões foram levados, dissimuladamente, ao palácio para dar a impressão de que ele desejava esse gênero de diversões). Artistas que se aproveitam de outros ou do Estado são também alvo de Sêneca nesta sátira.

36 *Satyricon*, 62, 10.

A última cena de Cláudio na Terra, ou seja, o momento de sua morte, é tratada com muito espírito jocoso e com zombaria. *Vltima uox eius haec inter homines audita est, cum maiorem sonitum emisisset illa parte, qua facilius loquebatur: "Vae me! puto, concacaui me."* (Foi-lhe este o último som ouvido entre os homens, ainda que tivesse deixado escapar os maiores barulhos daquela parte com a qual mais facilmente falava: "Ai de mim, creio que me caguei"). O escárnio em relação à figura do imperador é relatado nesse pequeno trecho; Sêneca consegue criar, aí, de forma magistral, uma imagem não só visual como também auditiva de Cláudio e das flatulências deste *princeps*, cujo último ato, ou som, está no campo do repugnante e do asco. Além do mais, para dar veracidade à cena, Sêneca usa o discurso direto, isto é, põe na boca do próprio imperador as palavras que suscitam o ridículo. No campo da estrutura gramatical, é interessante observar que a passagem *Vae me! puto concacaui me* (Ai de mim, creio que me caguei) traz uma estrutura em que a oração do verbo *puto* se liga à oração *concacaui me* sem a conjunção. Entretanto, a oração *concacaui me* não apresenta verbo no infinitivo, como habitualmente ocorre. Estrutura-se, assim, um trecho formal mesclado com o *sermo cotidianus*, uma figura nobre, *princeps*, com um vocabulário na esfera do grosseiro e do rude, identificando-se com a nona característica da menipeia, que se refere à violação das normas, ao desmascaramento das etiquetas. Além disso, Cláudio não defecou simplesmente; Sêneca escreve que o imperador sujou a si mesmo com os próprios excrementos. Essa mesma ideia ligada à matéria fecal encontra-se em Suetônio, que relata o édito – formulado pelo imperador – que permitia soltar gases à mesa de jantar.[37]

Essa diarreia dos momentos finais de Cláudio, presente de forma zombeteira nesta sátira, também é narrada por Tácito em seu texto histórico:

37 Suetônio, *Cláudio*, 31.

Adeoque cuncta mox pernotuere ut temporum illorum scriptores prodiderint infusum delectabili boleto uenenum, (...) simul soluta aluus subuenisse uidebatur.	De tal forma todas as coisas logo se tornaram públicas que os escritores daquele tempo tenham revelado o veneno vertido em agradável cogumelo, (...). Ao mesmo tempo, uma soltura de ventre parecia ter ocorrido.[38]

Para fechar a parte terrena de Cláudio, há, então, a dessacralização da estrutura formal. Inserir um vocábulo chulo na boca de um imperador caracteriza a linha da violação das normas, das condutas, o campo das declarações inoportunas, em que a palavra desmascara o ambiente, em que o alto e o baixo se mesclam. Outra faceta presente no trecho é a plurissignificação de *concauit*. Além de remeter à matéria fecal, Sêneca utiliza o vocábulo na acepção de que Cláudio deteriora todas as espécies de relações em Roma, produzindo, com efeito, um governo desprezível.

38 Tácito, *Anais*, XII, 67.

Segunda parte: Céu (V, 1 a XI, 6)

Inserida entre as particularidades da sátira menipeia está a tripartição Terra – Céu – Mundo inferior. No decorrer do texto de Sêneca, inicia-se a narração do pós-morte de Cláudio e de sua consequente chegada ao céu:

Quae in terris postea sint acta, superuacuum est referre. Scitis enim optime, nec periculum est ne excidant memoriae quae gaudium publicum impresserit: nemo felicitatis suae obliuiscitur. In caelo quae acta sint audite: fides penes auctorem erit.	Aqueles fatos posteriormente acontecidos na Terra é desnecessário reproduzir. Com efeito, vós os conheceis perfeitamente, nem há risco de que desapareçam aquelas coisas que a satisfação geral tenha gravado na memória. Ninguém se esquece de sua felicidade. Escutai o que acontecia no céu: a garantia do fato estará em poder de uma autoridade. (*Apocol.*, V,1).

Cláudio morreu e segue rumo ao céu, mas, da maneira como Sêneca estruturou este trecho, já se percebe o desejo de decantar a figura de Nero, também bastante elogiado na passagem anterior desta sátira (IV, 1). Esse encômio a Nero se faz presente no vocábulo verbal *scitis* (vós conheceis), plural que demonstra a possibilidade de serem muitos os interlocutores que conhecem o novo governante de Roma. Além disso, *nemo felicitatis suae obliuiscitur* (ninguém se esquece de sua felicidade) define e sentencia a feição de Roma pós-Cláudio, onde há um novo século de ouro. O excerto coaduna-se com as ideias apresentadas pelo mesmo Sêneca no *De Clementia*, texto escrito especialmente a Nero: *Sed ingens tibi onus imposuisti; nemo iam diuum Augustum nec Ti. Caesaris prima tempora loquitur nec, quod te imitari uelit, exemplar extra te quaerit; principatus tuus ad gustum exigitur* (Mas tu te impuseste um enorme encargo. Ninguém fala mais do divino Augusto, nem dos primeiros tempos de Tibério César, nem, querendo imitar um modelo, procura outro além do teu: avalia-se o teu principado por esta prova)[39].

Neste trecho da *Apocolocintose*, o período *in caelo quae acta sint audite: fides penes auctorem erit* (Escutai o que acontecia no céu: a garantia do fato estará em poder de uma autoridade) relaciona-se com o início deste mesmo libelo contra Cláudio (I, 1), como uma nova introdução, agora para as ações de fato acontecidas no céu. Há nas duas estruturas da *Apocolocintose* (I, 1 e V, 1) uma relação simétrica. Aqui, como no início do texto, Sêneca utiliza-se da linguagem dos historiadores e nesse amálgama interpela o leitor, com a nítida intenção de desconstruir o discurso histórico, para desse modo também desconstruir o homem que fora Cláudio. Dessa maneira, o trecho *fides penes auctorem erit* (a garantia do fato estará em poder de uma autoridade) é outra marca do escárnio presente no texto, pois essa oração é rubrica de textos do gênero História. Salústio, no século anterior, escreve: *Ceterum fides eius rei penes auctores erit* (mas a responsabilidade sobre essa opinião cabe aos seus autores)[40]. O próprio Sêneca examina o discurso dos historiadores na já citada obra *Quaestiones Naturales* ao citar *aut, quod historici faciunt, et ipse faciam: illi cum multa mentiti sunt ad arbitrium suum, unam aliquam rem nolunt spondere sed adiciunt: "Penes auctores fides erit* (ou então, porque

39 *De Clementia*, op. cit. p. 41.

40 *A guerra de Jugurta*. Editora Vozes, p. 149. Tradução de Antônio da Silveira Mendonça.

historiadores fazem, eu próprio farei: aqueles, quando mentiram conforme a própria vontade, não querem ficar fiador de alguma coisa, mas acrescentam: 'a garantia do fato estará em poder das autoridades')[41]. Assim, então, com a garantia nas mãos de uma autoridade, Cláudio chega ao céu, conforme narração:

Nuntiatur Ioui uenisse quendam bonae staturae, bene canum; nescio quid illum minari, assidue enim caput mouere; pedem dextrum trahere. Quaesisse se, cuius nationis esset: respondisse nescio quid perturbato sono et uoce confusa. Non intellegere se linguam eius: nec Graecum esse nec Romanum, nec ullius gentis notae. Tum Iuppiter Herculem, qui totum orbem terrarum pererrauerat et nosse uidebatur omnes nationes, iubet ire et explorare quorum hominum esset. Tum Hercules primo aspectu sane perturbatus est, ut qui etiam non omnia monstra timuerit: ut uidit noui generis faciem, insolitum incessum, uocem nullius terrestris animalis, sed, qualis esse marinis beluis solet, raucam et implicatam, putauit sibi tertium decimum laborem uenisse.	Anuncia-se a Júpiter que alguém de boa estatura, bem velho, chegou; ignoro o que ameaça, pois incessantemente move a cabeça e arrasta o pé direito. Perguntaram-lhe de que nação era. Respondeu não sei o que com estrondoso som e confusa voz. Não se compreende a língua dele, não é grego, nem romano, nem de algum povo conhecido. Então Júpiter ordena a Hércules, que tinha percorrido todo o orbe da Terra e parecia ter conhecido todas as nações, ir e examinar de que gênero humano Cláudio seria. Então, com um primeiro olhar, Hércules se perturba completamente, da mesma forma que alguém que ainda não teria temido todos os monstros. Quando Hércules viu a aparência da nova espécie, o passo desigual, a voz não de animal terrestre, mas retumbante e inarticulada tal qual costuma ser a de monstros marinhos, pensou que havia chegado o seu décimo terceiro trabalho (*Apocol.* V, 2-3).

41 *Quaestiones Naturales*, IV, 3, 1.

O fragmento ora apresentado inicia-se com duas indefinições. A primeira diz respeito a quem faz o anúncio da chegada de Cláudio aos céus. Sabe-se que Mercúrio tem essa função de mensageiro e de condutor, mas não pode ser ele quem leva Cláudio ao céu justamente por causa da relação do governante de Roma com o comércio, área de proteção de Mercúrio. Se não é Mercúrio o encarregado da missão, e observando-se a estrutura da *Apocolocintose*, Sêneca brinca com a possibilidade de o trabalho de transportar Cláudio aos céus ter sido desempenhado por um bajulador que não se identifica à suposta autoridade que relata estes acontecimentos. A segunda indefinição no trecho diz respeito a quem chega ao céu. Não se nomeia Cláudio, mas se indica *uenisse quendam bonae staturae, bene canum* (alguém de boa estatura, bem velho, chegou). Essa indeterminação (*quendam* – alguém) a respeito de Cláudio é outro requinte de derrisão de Sêneca para com o *princeps* de Roma. Se não se sabe quem chegou, é porque não era esperado alguém ali no céu para se tornar divino. Portanto, contra todas as possibilidades e expectativas dos deuses, Cláudio tomou o caminho celestial, ao passo que deveria seguir para o mundo inferior. O restante do excerto apresenta uma identificação com o que Suetônio descreve de Cláudio: boa estatura, o arrastar de um pé[42]. Sêneca faz, assim, uma descrição de Cláudio para que não restem dúvidas de quem chegara ao céu, como a alusão à marca indelével deste *princeps*, que era a deficiência na perna: *pedem dextrum trahere* (arrasta o pé direito). Rememore-se que essa mesma alusão a este problema de Cláudio já aparecera quando Sêneca estabelece uma relação com a passagem da *Eneida*[43].

Outro elemento no excerto, que encontra correspondência no texto histórico de Suetônio, é o que se apresenta em relação aos ruídos emitidos por Cláudio, ruídos que se parecem com a pronúncia de alguma coisa. Em Sêneca encontramos: *Respondisse nescio quid perturbato sono et uoce confusa. Non*

42 Suetônio, *Cláudio*, 30.

43 *Apocolocintose*, I, 2 e *Eneida*, II, 724.

intellegere se linguam eius: nec Graecum esse nec Romanum, nec ullius gentis notae (Respondeu não sei o que com estrondoso som e confusa voz. Não se compreende a língua dele, não é grego, nem romano, nem de algum povo conhecido). Segundo Suetônio, Augusto escreveu algumas cartas que diziam respeito ao jovem Cláudio e em uma delas faz referência à articulação deste: *Tiberium nepotem tuum placere mihi declamantem potuisse, peream nisi, mea Liuia, admiror. Nam qui tam ἀσαφῆς loquatur, qui possit cum declamat σαφῆς dicere quae dicenda sunt, non uideo* (Teu neto Tibério Cláudio pôde encantar-me com sua declamação, minha Lívia, e que eu morra se isso não me causou admiração. Com efeito não vejo de que maneira ele, que tão obscuramente fala, poderia, quando declama, dizer claramente as coisas que devem ser ditas).[44]

A desconstrução da ideia de que Cláudio deva ser divindade continua e se insere na passagem outro elemento cômico, dessa vez com a figura lendária de Hércules. Como os sons articulados por Cláudio são indecifráveis, alguém que conhece toda a terra como Hércules poderia ser capaz de entender o imperador morto. Além do mais, habilmente, Sêneca vai decompondo no trecho a imagem humana de Cláudio, em uma gradação que chega ao fim de forma irônica e sarcástica. A dessacralização desse *princeps* segue com Hércules tentando perceber em que tipo humano Cláudio se encaixaria (*quorum hominum esset* – de que gênero humano Cláudio seria). Depois, o herói mitológico desorienta-se com a possibilidade de, à frente, ter um monstro (*omnia monstra timuerit* – teria temido todos os monstros). A própria mãe de Cláudio chegou a considerá-lo abominável, como veremos mais à frente. Assim, na passagem Sêneca faz referências, portanto, não só à aparência física, mas também – deduz-se – às monstruosidades das ações governamentais de Cláudio. Depois, para completar a pintura em relação ao governante morto, Sêneca atribui a característica de uma nova espécie (*noui*

44 Suetônio, *Cláudio*, 4.

generis) de animal a Cláudio e, insistentemente, reforça a deficiência no andar e a inarticulação sonora de Cláudio. Toda essa caracterização se realiza, então, em uma gradação que fornece uma imagem ao leitor de um aspecto espantoso, de uma anomalia. Ironia, humor e deboche entremeiam-se na finalização do excerto, ao configurar-se o desespero de Hércules com a possibilidade de mais um novo e diferente trabalho.

Neste mesmo parágrafo da *Apocolocintose*, Sêneca compara os sons produzidos por Cláudio aos de um animal marinho (*uocem nullius terrestris animalis, sed, qualis esse marinis beluis solet* – a voz não de animal terrestre, mas retumbante e inarticulada tal qual costuma ser a de monstros marinhos). Juvenal, autor de sátiras nascido entre 50 e 60 d.C. e morto por volta do ano 135, afirmava em suas sátiras que se referia aos mortos porque seria perigoso "meter-se com os vivos e inflige, por conseguinte, à hipocrisia dos contemporâneos a mais dura lição"[45]. Dessa forma, em diversas sátiras há referências à vida desregrada de uma Roma de um período um pouco anterior, e sobre isso Juvenal escreve: *conuicia mandrae eripient somnum Druso uitulisque marinis*[46] (os gritos da estrebaria arrancarão o sono de Druso e dos animais marinhos). Druso era o sobrenome da família Claudiana e, neste fragmento de Juvenal, há outra relação intertextual com a *Apocolocintose*, numa referência não só à família, mas também ao imperador Cláudio especificamente, devido a sua dificuldade de expressão.

A sátira prossegue com o encontro de Hércules e de Cláudio:

Diligentius intuenti uisus est quasi homo. Accessit itaque et, quod facillimum fuit Graeculo, ait: Τίς	Ao examiná-lo com mais atenção, o aspecto pareceu ser mais ou menos de um homem. Desse modo, apro-

45 *História da Literatura Latina*, de Ettore Paratore. Fundação Calouste Gulbenkian, p. 761.

46 *Sátira* III, 237-238.

πόθεν εἷς ἀνδρῶν ; πόθι τοὶ πόλις ἠδὲ τοκῆες ; Claudius gaudet esse illic philologos homines: sperat futurum aliquem Historiis suis locum. Itaque, et ipse homerico uersu Caesarem se esse significans, ait: Ιλιόθεν με φέρων ἄνεμος Κικόνεσσι πέλασσεν. Erat autem sequens uersus uerior, aeque homericus: Ἔνθα δ'ἐγὼ πόλιν ἔπραθον, ὤλεσα δ'αὐτούς.

ximou-se dele e – aquilo foi muito fácil para um greguinho – disse: Τὶς πόθεν εἷς ἀνδρῶν; πόθι τοὶ πόλις ἠδὲ τοκῆες; (Quem és? De que país vens? Onde estão tua cidade e teus pais?). Cláudio alegra-se de ali haver homens eruditos: tem esperança de que deverá existir algum lugar para suas histórias. Assim, ele mesmo, dando a entender com verso homérico ser um César, disse: Ιλιόθεν με φέρων ἄνεμος Κικόνεσσι πέλασσεν (o vento, afastando-me de Ílio, impeliu-me aos Cíconos). Entretanto, o verso seguinte era mais correto, e igualmente homérico: Ἔνθα δ'ἐγὼ πόλιν ἔπραθον, ὤλεσα δ'αὐτούς (lá eu saqueei a cidade e destruí os defensores). (*Apocol.* V, 4)

Depois do recurso da gradação em que Cláudio é destituído de qualquer humanidade, o trecho acima apresenta de início o desprezo na representação de que o *princeps* seja quase um homem. Na mesma linha desse desdém, a figura de Hércules passa também a ser ridicularizada. O diminutivo em *quod facillimum fuit Graeculo* (aquilo foi muito fácil para um greguinho) satiriza e deprecia o herói mitológico, figurado então com aspectos pejorativos. Entre outros autores[47], Juvenal também se utiliza do termo *graeculo* para rebaixar os gregos: *ingenium uelox, audacia perdita, sermo/ promptus et Isaeo torrentior: ede quid illum/ esse putes. quemuis hominem secum attulit ad nos:/ grammaticus,*

47 Por exemplo Cícero, nas *Tusculanas* I, 86 e no *De Oratore* I, 102.

rhetor, geometres, pictor, aliptes,/ augur, schoenobates, medicus, magus, omnia nouit/ Graeculus esuriens: in caelum iusseris ibit[48] (inteligência viva, audácia atrevida, palavra rápida e mais arrasadora do que a de Iseu. Sabes tu do que não é capaz um grego? Cada um deles sabe fazer de tudo: é gramático, retor, geômetra, pintor, massagista, adivinho, acrobata, médico, feiticeiro; sabe tudo, este greguinho faminto; ele irá ao céu, se tu o mandares). O elemento fantástico – uma das características da sátira menipeia – torna-se evidente não só pela ação se passar no céu, como também pela mistura do fantasioso com o concreto, da total ficção contracenando com alguém que fizera parte do mundo dos homens.

Além dessa característica da menipeia, encontra-se no excerto o aproveitamento de versos da *Odisseia*, em que Homero se utiliza dessa fórmula algumas vezes, para que uma personagem pergunte a outra de onde esta se origina. Sêneca parodia o estilo da épica ao introduzir com intenção humorística os versos homéricos. A imaginação mescla-se à realidade mais uma vez, apesar da ironia quando Sêneca introduz mais dados da vida de Cláudio. Neste caso, as informações aqui ironizadas a respeito de Cláudio também se encontram em Suetônio, que relata Cláudio ter escrito vinte livros que incluem a história dos Etruscos, dos Cartagineses – em grego – e dos Romanos. Toda essa erudição de Cláudio é reprovada na *Apocolocintose*, contrapondo essa vasta cultura à inabilidade de governar Roma. O intelectual que foi Sêneca critica o saber pelo saber, o saber que não produz boas obras, que não converte o conhecimento em prol dos homens. No livro *Sobre a brevidade da vida*, o mesmo Sêneca critica a erudição literária: *Nam de illis nemo dubitabit quin operose nihil agant, qui litterarum inutilium studiis detinentur, quae iam apud Romanos quoque magna manus est. Graecorum iste morbus fuit quaerere quem numerum Ulixes remigum habuisset, prior scripta esset Ilias an Odyssia, praeterea an eiusdem esset auctoris, alia deinceps huius notae, quae siue contineas nihil*

48 *Sátira* III, 73-78.

tacitam conscientiam iuuant, suie proferas non doctior uidearis sed molestior (Pois ninguém duvidará que muito se fatigam sem nada obrar, os que se prendem a inúteis questões de literatura – e eles já são multidão entre os romanos! Foi um vício dos gregos investigar quantos remadores teve Ulisses, se a Ilíada ou a Odisseia foi escrita primeiro e, além disso, se eram de um mesmo autor, e outros conhecimentos dessa espécie, que, se os publicas, não serás tido por mais douto, mas por mais enfadonho)[49].

Neste mesmo trecho da *Apocolocintose*, Sêneca faz uma correção àquilo dito por Cláudio e introduz outro verso homérico, subvertendo seu sentido: *Ἔνθα δ'ἐγὼ πόλιν ἔπραθον, ὤλεσα δ'αὐτούς* (lá eu saqueei a cidade e destruí os defensores). Neste caso, o termo *lá* adquire o sentido de ser a cidade de Roma, proporcionando ao leitor a ideia de que Cláudio saqueara e destruíra a própria Roma, com um governo pífio.

O próximo parágrafo da *Apocolocintose* introduz Febre, divindade muito temida em Roma pela permanente umidade nos entornos daquela região, provocando doenças[50]. A presença de Febre é importante por aludir às várias moléstias que acometeram Cláudio durante sua vida[51] e por, devido à importância da divindade, afiançar os dizeres contra o *princeps* morto:

Et imposuerat Herculi minime uafro, nisi fuisset illic Febris, quae, fano suo relicto, sola cum illo uenerat; ceteros omnes deos Romae reliquerat. "Iste" inquit "mera mendacia narrat. Ego tibi dico, quae cum illo tot annis uixi:	E Cláudio teria enganado Hércules, de modo algum esperto, se não estivesse ali Febre, a única que, deixando para trás seu templo, tinha vindo com ele. Todos os demais deuses, Cláudio tinha-os deixado em Roma.

49 *De breuitate uitae*, XIII, 1-2. Editora Nova Alexandria, p. 43. Tradução de William Li.

50 Cf. *Dicionário da Mitologia Grega e Romana*, de Pierre Grimal, p. 167.

51 Cf. Suetônio, *Cláudio* 2.

Luguduni natus est. Munatii municipem uides. Quod tibi narro, ad sextum decimum lapidem natus est a Vienna, Gallus germanus. Itaque, quod Gallum facere oportebat, Romam cepit. Hunc ego tibi recipio Luguduni natum, ubi Licinus multis annis regnauit. Tu autem, qui plura loca calcasti quam ullus mulio perpetuarius, Lugudunenses scire debes et multa milia inter Xanthum et Rhodanum interesse. Excandescit hoc loco Claudius et quanto potest murmure irascitur. Quid diceret nemo intellegebat; ille autem Febrim duci iubebat, illo gestu solutae manus, et ad hoc unum satis firmae,quo decollare homines solebat. Iusserat illi collum praecidi: putares omnes illius esse libertos, adeo illum nemo curabat.

"Este, diz Febre a Hércules, conta vulgares mentiras. Digo a ti, eu que vivi com ele incontáveis anos: nascido em Lugduno, tu vês um cidadão de Munácio. Nascido a dezesseis milhas de Viena, o que eu te conto é que ele é um Galo genuíno. Desse modo, apossou-se de Roma, que era dever de um Galo fazer. Eu te garanto que ele nasceu em Lugduno, onde Licino reinou por muitos anos. Tu, todavia, que percorreste mais caminhos que algum muleiro em ação, deves conhecer os cidadãos de Lugduno e deves saber que o Xanto e o Ródano estão entre muitas milhas." Cláudio arde de raiva com esta situação e, o quanto pode com sons inarticulados, se enfurece. Aquilo que estava dizendo ninguém compreendia. Todavia ele ordenava que Febre fosse levada dali, com aquele gesto de mão frouxa, mas somente para isto bastante firme: porque estava habituado a degolar homens. Ele tinha decretado cortar o pescoço de outros: considerarias tu que todos fossem libertos dele, mas até o momento ninguém se importava com ele."

Dado interessante do fragmento é novamente a explícita crítica à divinização de Cláudio, já que *ceteros omnes deos Romae reliquerat* (todos os demais deuses, Cláudio tinha-os deixado em Roma). A ironia pode se presentificar na ideia de que são os deuses que abandonaram o *princeps* Cláudio, os deuses preferindo ficar em Roma. Formula-se aqui um contraponto interessante com a passagem *IV* da mesma *Apocolocintose* (*talis Caesar adest, talem iam Roma Neronem* – Tal César está presente, Roma contemplará agora tal Nero), já que os deuses continuam em Roma e agora acompanham o novo governante. Febre é importante não só como uma personagem que acompanha eternamente Cláudio, mas também como uma divindade autenticamente romana que relata ao leitor – neste momento travestido de Hércules – que uma pretensa divinização do *princeps* seria uma afronta à própria Roma. Ademais, o templo de Febre em Roma ficava ao lado do palácio de Cláudio, e isso confere ao texto uma fração de humor, visto que Febre estava, portanto, literalmente sempre ao lado de Cláudio. Cícero, por exemplo, cita: *Febris enim fanum in Palatio et Orbonae ad aedem Larum et aram Malae Fortunae Esquiliis consecratam uidemus*[52] (com efeito, vemos o templo de Febre no Palatino, e de Orbona junto ao templo de Lares e o altar consagrado à Má Fortuna no monte Esquilino). Como Febre estava sempre com o *princeps*, há aqui uma nova alusão ao estado febril de Cláudio no momento de sua morte[53].

No mesmo excerto, Sêneca enfatiza a depreciação de Cláudio com a expressão *mera mendacia* (*"iste" inquit "mera mendacia narrat"* – Este, diz Febre a Hércules, conta vulgares mentiras), comum em diversos autores desta época da literatura latina. Por exemplo, Marcial, autor epigramista do final do primeiro século depois de Cristo, escreve: *Gentibus in Libycis uxor tua, Galle, male audit/ inmodicae foedo crimine auaritiae./ Sed mera narrantur mendacia:*

52 *De Natura Deorum*, 3, 63. O mesmo Cícero faz outra citação em *De Legibus*, 2, 28 e Plínio, o velho, cita também em *Naturalis Historia*, 2, 15-16.

53 Suetônio (*Cláudio*, 44) e Tácito (*Anais*, XII, 67) também relatam a morte de Cláudio.

non solet illa/ accipere omnino. Quid solet ergo? Dare.[54] (Tua mulher, Galo, tem má fama entre as gentes da Líbia, devido à acusação de avareza desmedida. Mas vulgares mentiras são contadas: ela não costuma receber tudo. Que costuma então? Dar.) O fragmento da *Apocolocintose* analisado prossegue e nos informa detalhadamente as origens de Cláudio, para que não existam dúvidas a respeito de quem Febre fala. Dados históricos também são inseridos nesta parte da sátira, relembrando ao leitor da época que Roma já havia sido submetida aos Gauleses, região em que Cláudio nascera: *Itaque, quod Gallum facere oportebat, Romam cepit* (Desse modo, apossou-se de Roma, que era dever de um Galo fazer)[55]. Sêneca procura associar Cláudio também a Licino (*Hunc ego tibi recipio Luguduni natum, ubi Licinus multis annis regnauit* – Eu te garanto que ele nasceu em Lugduno, onde Licino reinou por muitos anos), procurador tirânico nomeado em Lugduno por Augusto[56]. Assim, o fragmento apresenta uma visão histórica das origens de Cláudio e se encerra também com escárnio a Hércules.

Tambem presente no trecho é a irritabilidade de Cláudio, dado a que Suetônio[57] também escreve a respeito do imperador anos depois: a predisposição à raiva e ao ressentimento. No excerto, Cláudio tenta usar de sua autoridade para expulsar Febre dali, mas em relação a essa divindade, ele sempre foi o refém. Ainda no trecho, a ironia e o deboche se fazem presentes na caracterização da mão frouxa do *princeps* e da sua subserviência aos libertos e secretários, bem como às esposas que tivera. Também Suetônio[58] ratifica a informação e relata que Cláudio exercera mais o papel de um servo do que propriamente de um governante de Roma. Neste trecho há uma antecipação

54 Marcial, *Epigramas*, II, 56.

55 Nos *Anais*, XI, 24, Tácito reproduz um possível discurso de Cláudio em que o *princeps* diz: *capti a Gallis sumus* (fomos conquistados pelos Galos).

56 Cf. Dion Cássio (*LIV*, 21), Sêneca (*Cartas a Lucílio*, XX, 119) e Marcial (*Epigramas*, VIII, 3).

57 *Cláudio*, 38.

58 Idem, 25.

do desejo de Sêneca em relação ao *princeps* morto e daquilo que será narrado no inferno – parte final desta sátira: Cláudio transformado em um joguete, um escravo de um escravo.

Após isso, Sêneca relata:

Tum Hercules: "Audi me" inquit "tu desine fatuari. Venisti huc ubi mures ferrum rodunt. Citius mihi uerum, ne tibi alogias excutiam!" Et, quo terribilior esset, tragicus fit et ait:	Então disse Hércules: "Escuta-me. Para tu de delirar. Vieste para aqui, onde os ratos roem o ferro. Mais do que depressa me falas a verdade, para que eu não arranque de ti tolices." E para que ficasse mais pavoroso, Hércules se faz de trágico e diz:

O herói grego, na passagem, corta abruptamente Cláudio, de forma intimidativa numa referência a que as pretensões de Cláudio ali no céu não serão realizadas ao gosto do *princeps*, mas – ao contrário – ele pode encontrar mais dificuldades do que o esperado. Além disso, muito importante é o trecho *uenisti huc ubi mures ferrum rodunt* (Vieste para aqui, onde os ratos roem o ferro). Essa máxima do povo romano ganha especial significado, de forma que o leitor pode pressupor que a intenção senequiana é estabelecer diferenças entre o mundo em que Cláudio vivia e o mundo em que ele se encontra. No céu, os ratos roem o ferro, ou seja, os ratos não agem da mesma forma que na Terra, numa alusão ao que poderia ocorrer e ser praxe na corte de Cláudio. Sêneca, com este provérbio romano, faz referência também à ilha Gyara, que serviu de prisão para muitos sob o Império Romano. Plínio faz menção a essa região da seguinte forma: (...) *in Gyara insula, cum incolas fugaverint, ferrum quoque rosisse eos*[59] [(...) quando /romanos/ teriam afugentado os habitantes na ilha Gyara, e da mesma forma o ferro tê-los roído]. Dessa maneira, há uma

59 *Naturalis Historia*, VIII, 222.

ameaça velada a Cláudio na forma de exilá-lo nessa ilha, tão conhecida que era dos romanos[60].

A sequência da *Apocolocintose* apresenta Hércules imitando a poesia trágica. Claramente com intenções parodísticas, a estrutura do excerto corresponde às características da sátira menipeia no que tange às relações intertextuais compreenderem também a imitação cômica de outra composição ou estilo literário. Eis o trecho:

"Exprome propere sede qua genitus cluas,
Hoc ne peremptus stipite ad terram accidas:
Haec claua reges saepe mactauit feros.
Quid nunc profatu uocis incerto sonas?
Quae patria, quae gens mobile eduxit caput?
Edissere. Equidem regna tergemini petens
Longinqua regis, unde ab Hesperio mari
Inachiam ad urbem nobile aduexi pecus,
Vidi duobus imminens fluuiis iugum,
Quod Phoebus ortu semper obuerso uidet,
Vbi Rhodanus ingens amne praerapido fluit
Ararque, dubitans quo suos cursus agat,
Tacitus quietis adluit ripas uadis:
Estne illa tellus spiritus altrix tui?"

Conta bem rápido em que cidade tu, gerado, sejas célebre
Para que não caias morto por este bastão sobre a terra:
Esta clava ferozes reis muitas vezes matou.
O quê, com a articulação vacilante da voz, murmuras agora?
Que pátria, que nação produziu essa inconstante cabeça?

60 Juvenal (*Sátiras*, I, 173) e Tácito (*Anais*) referem-se também à ilha Gyara.

Explica-te bem. Sem dúvida, ao dirigir-me aos longínquos reinos
Do rei tricorpóreo, de onde, do mar Hespério, levei
Para a cidade de Argos um conhecido rebanho,
Vi sobre dois rios elevando-se uma cadeia de montanhas
Que Febo sempre em oposição ao nascer vê,
Onde o extenso Ródano em corrente muito veloz flui
E o Arar, hesitante para onde leve seus cursos,
Silencioso banha com calmas águas as margens:
É nutriz de teu espírito aquela terra?"

Os versos latinos se utilizam da estrutura dramática, como os iâmbicos senários[61], e de elementos que constam do estilo da tragédia. A paródia e o humor presentes no trecho se realizam na maestria de Sêneca ao propor que Hércules esteja enfrentando um monstro, como na literatura em que esse herói grego encarou seus pesados trabalhos, e não enfrentando *reges* (reis), citado ironicamente no terceiro verso da paródia. Entretanto, o monstro a ser enfrentado por Hércules é aqui o *princeps* morto, e Sêneca volta ao que já expusera em *V, 4-5*. Nos versos ora analisados, Sêneca escreve utilizando-se de palavras e de expressões que se ligam à poesia dos chamados gêneros sérios. O mesmo Sêneca, em *Hercules Furens*, redige sua tragédia compondo-a com uma estrutura que se aproxima da *Apocolocintose*. Dois trechos comparáveis de *Hercules Furens* com a *Apocolocintose*: *Humana telis, impiam regis feri* (verso 518) com *Haec claua reges saepe mactauit feros; nunquid Hesperii maris* (verso 1140) com *unde ab Hesperio mari*. Outra referência no fragmento está na relação a Ínaco (*Inacham ad urbem nobile aduexi pecus)*, da mesma forma citado por Vírgílio na *Eneida*[62].

61 Na poesia grega e na latina, iambo é pé de verso constituído de uma sílaba breve e outra longa. Senário é o verso latino composto de seis pés iâmbicos.

62 *Eneida*, VII, 792. Para a lenda de Ínaco, cf. Pierre Grimal e seu *Dicionário da Mitologia Grega e Romana*, p. 250.

Além das relações com outros textos, a ênfase prossegue na depreciação a Cláudio. O autor rememora a deficiência que Cláudio apresentava na fala com *quid nunc profatu uocis incerto sonas?* (O quê, com a articulação vacilante da voz, murmuras agora?). Críticas a Cláudio continuam também no alusivo desdém às origens desse imperador em *quae patria, quae gens mobile eduxit caput?* (Que pátria, que nação produziu essa inconstante cabeça?). As descrições do *princeps* são reiteradas para que a imagem de um governante monstruoso se consolide para o leitor. Desse modo, Sêneca, ao inserir no texto exatamente o décimo trabalho de Hércules, deixa entrever a associação do monstro Gerion com a forma de Cláudio, pois o herói, entrevisto aí o cinismo de Sêneca, questiona Cláudio se ele seria da mesma região da figura horrenda do décimo trabalho: *Estne illa tellus spiritus altrix tui?* (É nutriz de teu espírito aquela terra?).

Terminado o canto trágico de Hércules, novamente o narrador volta a conduzir a história:

Haec satis animose et fortiter; nihilo minus mentis suae non est et timet μωροῦ πληγήν. Claudius, ut uidit uirum ualentem, oblitus nugarum, intellexit neminem Romae sibi parem fuisse, illic non habere se idem gratiae: gallum in suo sterquilino plurimum posse.

Hércules diz essas palavras com bastante vigor e energia, todavia não está em seu juízo perfeito e teme μωροῦ πληγήν (um golpe do tolo). Quando viu aquele valente homem, Cláudio compreendeu, esquecido das frivolidades, que ninguém em Roma foi semelhante a ele próprio, mas ele mesmo ali não possuía consideração: um galo pode muito em seu monte de esterco. (*Apocol.*, VII, 3).

O fragmento confirma a paródia ao aspecto trágico de Hércules ao fazer a alusão à tragédia *Hercules Furens: nihilo minus mentis suae non est* (todavia não está em seu juízo perfeito). É particularmente interessante na passagem a antecipação do possível motivo de Hércules em apoiar a divinização de Cláudio. Além de constar da mitologia do Herói, o tragediógrafo grego Eurípedes (485 – 406, provavelmente) escreveu uma peça, e o próprio Sêneca reelaborou essa obra teatral, em que um usurpador mata o sogro do herói e está a ponto de matar também os filhos, o pai e a esposa quando Hércules retorna e os salva. Entretanto, Hércules tem um acesso de loucura e mata a esposa e os filhos. É esse entrelaçamento que faz Sêneca no trecho da *Apocolocintose* com a tragédia e a mitologia, em mais uma característica da sátira menipeia.

Como a intenção primeira é dessacralizar Cláudio, Sêneca altera humoristicamente uma passagem da *Ilíada* (XVI, 816) – em que Pátroclo está abatido pelo golpe do deus – para a expressão *μωροῦ πληγήν* (um golpe do tolo) em clara referência a que Cláudio seja um tolo e não possa ser um deus. E como não pode ser deus, no trecho em destaque há uma primeira percepção do *princeps* sobre sua condição no céu: *gallum in suo sterquilino plurimum posse* (um galo pode muito em seu monte de esterco). No trocadilho com a palavra *gallum* proposto de forma magistral por Sêneca, ao mesmo tempo em que rebaixa a condição de Cláudio, o autor faz alusão à ascendência do imperador, isto é, faz referência à origem de Cláudio. Ainda há no período citado uma clara menção de como Roma foi deixada por Cláudio na visão senequiana. Outro dado que presentifica a sátira menipeia no fragmento estudado é o retorno de expressões populares. Na passagem em que Hércules fez seu canto trágico, Sêneca se utilizou de palavras e de expressões de gêneros grandiosos, e agora introduz uma expressão popular com *oblitus nugarum* (esquecido das frivolidades), que também se encontra, por exemplo, em Petrônio[63]. Portanto, não há no texto um desconhecimento em relação ao gênero nem uma exibição de erudição, mas sim uma construção literária em que, com aproximação de gêneros elevados e baixos, faz do texto uma sátira

63 *Satyricon*, LXXI e CXXXVI.

menipeia em que a derrisão perpassa a estrutura linguística do texto. Além das referências externas, o encadeamento de ideias proporciona ao leitor uma visão geral e completa da zombaria contra Cláudio, como na retomada da passagem *uenisti huc ubi mures ferrum rodunt* (Vieste para aqui, onde os ratos roem o ferro – *Apocol.*, VII, 1), ao fazer com que Cláudio reconheça que sua atual situação não é nada favorável (*illic non habere se idem gratiae* – mas ele mesmo ali não possuía consideração). Outra passagem retomada se encontra em um dos sentidos provocados pelo ablativo *sterquilino* (de *sterquilinium*, esterco), que faz o leitor se direcionar para a narração dos últimos instantes de vida de Cláudio, quando Sêneca escreve: *Omnia certe concacauit* (o certo é que emporcalhou todas as coisas – IV, 3).

Para fechar o capítulo VII, o narrador assim escreve:

Itaque, quantum intellegi potuit, haec uisus est dicere: Ego te, fortissime deorum Hercule, speraui mihi adfuturum apud alios, et, si qui a me notorem petisset, te fui nominaturus, qui me optime nosti. Nam, si memoria repetis, ego eram qui tibi ante templum tuum ius dicebam totis diebus mense Iulio et Augusto. Tu scis quantum illic miseriarum tulerim, cum causidicos audirem diem et noctem, in quos si incidisses, ualde fortis licet tibi uidearis, maluisses cloacas Augeae purgare: multo plus ego stercoris exhausi. Sed quoniam uolo...

Assim, do quanto pôde ser entendido, pareceu dizer estas coisas: “Eu tinha esperanças em ti, ó Hércules, o mais forte dos deuses, que deverias tu favorecer-me junto aos outros deuses e, se alguém me tivesse pedido com insistência um avalista, eu te defenderia, devendo nomear a ti, que me conheceste muito bem. Pois se voltas à memória, eu era aquele que diante de teu templo consagrava para ti a justiça o dia inteiro nos meses de julho e agosto. Tu sabes o quanto ali eu suportara de misérias, quando dia e noite ouvia advogados. Se tivesses caído no meio deles, sem dúvida ainda que pareças corajoso, terias prefe-

> rido limpar os esgotos de Áugias. Eu tirei para fora muito mais esterco. Mas visto que desejo..."

O narrador da *Apocolocintose* continua a jornada de escárnio contra Cláudio e na passagem, em seu início, se estabelece mais uma relação com outro trecho da sátira, em que se caracterizam e se criticam os sons emitidos por Cláudio. Em *V, 2*, Sêneca havia escrito *respondisse nescio quid perturbato sono et uoce confusa* (respondeu não sei o que com estrondoso som e confusa voz) e agora volta à cena um dos defeitos do *princeps* morto em *itaque, quantum intellegi potuit, haec uisus est dicere* (Assim, do quanto pôde ser entendido, pareceu dizer estas coisas). A insistência em desvelar a incapacidade de expressão de Cláudio é reforçada com o verbo *uisus est*, traduzido por 'pareceu'. Dados que no fragmento são informados pela boca de Cláudio também foram reportados pelo historiador Suetônio: *ius et consul et extra honorem laboriosissime dixit, etiam suis suorumque diebus sollemnibus, nonnumquam festis quoque antiquitus et religiosis*[64] ([Cláudio] exerceu a justiça com muito zelo, mesmo durante os dias solenes para si e para os seus e, muitas vezes, mesmo durante as festas e as cerimônias que remontavam à mais alta antiguidade).

Dessa forma, Cláudio começa a convencer Hércules a respeito da possibilidade de sua divinização. Lembremos que Hércules não estava em seu juízo normal, como informado anteriormente pelo narrador. Cláudio discursa para Hércules, e no excerto há referência pejorativa aos defensores da justiça com a palavra *causidicus* (advogado). Suetônio descreve também a convivência de Cláudio com os advogados: *Adeo causidicos patientia eius solitos abuti, ut discedentem e tribunali non solum uoce reuocarent, sed et lacinia togae retenta, interdum pede apprehenso detinerent*[65] (quando ele descia do tribunal, advoga-

64 *Cláudio*, 14.

65 Idem, ibidem, 15.

dos abusavam da paciência dele, não somente com interpelações, mas ainda o retinham, segurando por uma ponta da toga e, às vezes, até mesmo pela própria perna). Portanto, Sêneca parodia aquilo que Cláudio costumava fazer e nesta zombaria critica também os advogados, de modo que há, no final do excerto, uma comparação do trabalho no tribunal com o quinto trabalho de Hércules, em que o herói limpou os currais do rei Augias, que não eram limpos há trinta anos. Advogados, então, são comparados no fragmento ao esterco do gado de Augias.

Há, a seguir, uma lacuna no texto, e a jornada de Cláudio é transposta para o senado do céu, onde os deuses estão discutindo a possibilidade de Cláudio ser transformado em deus:

"Non mirum quod in curiam impetum fecisti: nihil tibi clausi est. Modo dic nobis, qualem deum istum fieri uelis. Ἐπικούρειος θεὸς non potest esse: οὔτε αὐτὸς πρᾶγμα ἔχει οὔτε ἄλλοις παρέχει. Stoicus? Quomodo potest rotundus esse, ut ait Varro, 'sine capite, sine praeputio'? Est aliquid in illo stoici dei, iam uideo: nec cor nec caput habet.

"Não é surpresa aquilo que atacaste na Cúria: não há nada fechado para ti. Dize-nos agora que deus que tu desejas que este se torne. Ἐπικούρειος θεὸς (um deus epicureu) não pode ser: οὔτε αὐτὸς πρᾶγμα ἔχει οὔτε ἄλλοις παρέχει (ele nem tem problemas nem causa problemas a outros). Estoico? Como pode ser 'redondo', como disse Varrão, 'sem cabeça, sem prepúcio'? Há algum traço de deus estoico nele, vejo agora: não tem coração nem cérebro. (*Apocol.*, VIII, 1)

Uma divindade dirige-se a Hércules, em uma espécie de repreensão por o herói ter entrado e provocado desordem na Cúria celestial. É uma referência ao estado de anormalidade de Hércules, cuja figura mitológica está sendo dessacralizada para que a imagem de Cláudio também seja desconstruída, visto que já se infere no fragmento analisado a intenção favorável a Cláudio por parte do herói. Outro dado importante relacionado a Hércules é a vinculação deste herói a comportamentos grosseiros, sendo isso então mais um motivo para associar a figura do herói a Cláudio. Como o *princeps* não era esperado no céu, há agora a necessidade de um concílio dos deuses, e Sêneca estrutura a Cúria celestial como uma paródia do Senado Romano que, por instigação de Agripina, concedeu a honra de deus a Cláudio. Visto dessa forma, Sêneca critica de forma direta o Senado Romano e indiretamente Agripina. Ainda sobre o concílio dos deuses, no século II de nossa era Luciano de Samósata escreveu a sátira menipeia *Icaromenippus*[66], em que Menipo narra sua ascensão ao céu e sua viagem pelos ares. No céu, Menipo encontra os deuses e também participa, com as divindades, de um concílio que está recheado de críticas à filosofia e à religião. A literatura latina – seja o gênero elevado, seja o gênero baixo – reserva especial atenção ao encontro dos deuses, como Virgílio ao iniciar o canto X da *Eneida* e Ovídio no livro I das *Metamorfoses*.

Começa o concílio dos deuses, e a primeira negativa em relação a Cláudio está na transformação deste em deus epicureio. A ironia está presente nos dizeres: *Ἐπικούρειος θεὸς* (um deus epicureu) não pode ser: *οὔτε αὐτὸς πρᾶγμα ἔχει οὔτε ἄλλοις παρέχει* (ele nem tem problemas nem causa problemas a outros). Cláudio é o problema em pessoa e transparece no período, de forma irônica, e em todo o texto ora analisado que o *princeps* causou vários problemas. Diógenes Laertios, no século III d.C., escreve sobre a vida dos filósofos e define a pessoa epicurista da seguinte forma: "O ser bem-aventurado e eterno não tem perturbações nem perturba outro ser"[67]. Cláudio não pode ser deus epicureio exatamente por causa das perturbações que provocou em

66 Ou *Diálogos dos deuses*. Luciano de Samósata foi autor de sátiras em prosa do 2º século de nossa era; entre outras obras destacam-se *Diálogo dos mortos* e *Elogio da mosca*.

67 LAERTIOS, Diógenes. *Vidas e doutrinas dos filósofos ilustres*. Tradução de Mário da Gama Kury. Editora da UnB, p. 315.

vida. Observemos que a definição de Diógenes Laertios se encaixa no dito satírico de Sêneca, configurando-se, dessa maneira, a relação intertextual da sátira menipeia com o mundo sério dos conceitos filosóficos. Na sequência, há a alusão aos estoicos e à identificação, para eles, dos deuses com o cosmos, em que se estabelece uma relação de esfericidade. A perfeição do sábio era associada aos objetos redondos, como Horácio escreveu um século antes: *et in se ipso totus, teres atque rotundus,/ externi nequid ualeat per leue morari,/ in quem manca ruit semper fortuna*[68] (sobre esta superfície lisa e esférica todo corpo estranho resvala sem deixar marcas, e nunca é presa dos vaivéns da Fortuna). Na passagem da *Apocolocintose*, Sêneca escreve ironicamente, aludindo a Varrão, e leva para o ridículo a ideia de que, para os estoicos, deus é redondo. Tal ideia pode ser justificada na identificação com a esfericidade do universo. O mesmo Sêneca, nas *Cartas a Lucílio*, faz referência ao assunto[69]. Figurativa e ironicamente, o período *est aliquid in illo stoici dei, iam uideo: nec cor nec caput habet* (Há algum traço de deus estoico nele, vejo agora: não tem coração nem cérebro) arremata a ideia da falta de senso, da capacidade de entendimento de Cláudio[70]. Petrônio utiliza-se da palavra *cor* (coração), que, tanto no *Satyricon*[71] quanto na *Apocolocintose*, está no sentido figurado, configurando-se, assim, um uso comum neste tipo de texto.

O autor da *Apocolocintose* prossegue a derrisão contra Cláudio da seguinte maneira:

68 *Sermones*, II, 7, 86 – 87.

69 *Si rotundam illis qualem deo dederint, quaeram an et auaritia et luxuria et dementia aeque rotundae sint* (Caso tenham atribuído a tais seres a mesma forma redonda que atribuem à divindade, perguntarei se a avareza, a luxúria e a demência também seriam redondas). *Cartas a Lucílio*, XIX, 13, 22.

70 Cf. Suetônio, *Cláudio*, 39.

71 *Satyricon*, LIX, 2.

Si mehercules a Saturno petisset hoc beneficium, cuius mensem toto anno celebrauit Saturnalicius princeps, non tulisset illud, nedum ab Ioue, quem, quantum quidem in illo fuit, damnauit incesti. Silanum enim generum suum occidit, oro, propter quid? Sororem suam, festiuissimam omnium puellarum, quam omnes Venerem uocarent, maluit Iunonem uocare. 'Quare' inquis 'quaero enim, sororem suam?' Stulte, stude: Athenis dimidium licet, Alexandriae totum.

Se, por Hércules, tivesse pedido com insistência essa graça a Saturno, cujo mês celebrava o ano todo, este príncipe das Saturnais não teria obtido. Muito menos teria conseguido de Júpiter, a quem, pelo menos no que lhe dizia a respeito, condenou por incesto. O Imperador, com efeito, matou seu genro Silano, e eu pergunto, por causa de quê? Porque este preferiu chamar de Juno a própria irmã, a mais encantadora entre todas as moças, a qual todas chamavam de Vênus. Dizes tu: 'Por que, pergunto, então, a própria irmã?' Insensato, instrui-te: em Atenas isso é possível à metade; em Alexandria, a todos.

Os dados históricos e a ficção continuam a se mesclar no excerto ora analisado. A cena retrata Cláudio no céu e a continuação do debate acerca da divinização do *princeps* morto de Roma. A crítica mais incisiva por parte de Sêneca refere-se às festividades que Cláudio proporcionava. Sêneca faz alusão, de modo especial, às Saturnais, festas romanas que se realizavam em dezembro. Nessas mesmas festas a ordem social era quebrada[72], de forma que os escravos mandavam nos seus senhores, e os senhores serviam seus escravos[73]. Assim, Sêneca alude no trecho não só à subserviência que Cláudio teve em relação aos seus libertos, numa menção explícita à incapacidade de ele governar e à capacidade de os seus escravos mandarem, como também

72 Para as Saturnais, vide ainda os livros XIII e XIV de Marcial e a sátira VII, livro II, de Horácio.

73 Cf. *Dicionário da Mitologia Grega e Romana*, de Pierre Grimal, p. 414.

alude ao próprio governo de Cláudio como uma imensa festa. No fragmento, Saturno não agraciaria Cláudio com a honra do título de deus. Observa-se que Saturno – o deus referido no excerto – é uma divindade itálica antiga, e os deuses, como já visto, não seguiram Cláudio, preferindo ficar em Roma com o novo governante. Dessa maneira, as divindades originais de Roma não permitiriam a afronta que seria a divinização de Cláudio, de acordo com o arquitetado por Sêneca nesta sátira. Esse mesmo filósofo, nas *Cartas a Lucílio*, escreve sobre as Saturnais da seguinte forma: *adeo nihil interest ut <non> uideatur mihi errasse qui dixit olim mensem Decembrem fuisse, nunc annum*[74] (de resto não há diferença, pois para mim não parece ter errado quem disse outrora dezembro ter sido um mês, e agora é um ano).

Ainda neste excerto da *Apocolocintose*, é relevante a inserção de *mehercules* (por Hércules). A expressão era muito comum em Roma, e nos mais diversos gêneros textuais da Roma antiga a expressão aparece. Equivale hoje à exclamação 'Por Deus!'. Torna-se interessante e interpretativa no excerto, porque provoca uma ambiguidade, já que suscita a expressão comum dos romanos e, além disso, joga com a situação de que Hércules está ajudando Cláudio a conseguir a divinização que, no excerto, nem Júpiter dará, na alusão mitológica do incesto do deus dos deuses com a própria irmã – Juno –, relação condenada por Cláudio na pessoa de Silano, seu genro, que foi implicado em intrigas por Agripina. Otávia, filha de Cláudio, era noiva de Silano, e Agripina queria que ela se casasse com Nero. Silano foi condenado por manter supostas relações incestuosas com a própria irmã[75]. Nessa passagem da *Apocolocintose*, portanto, há uma fusão do mitológico com o fato histórico relacionado a Silano. Pode-se entender que novamente Sêneca, de forma sutil, faz insinuações a Agripina, mentora da intriga que levou Silano à condenação. Há uma situação irônica presente no fragmento, porque o mesmo Cláudio

74 *Cartas a Lucílio*, II, 18.

75 Tácito, *Anais* XII, 4 a 8 e Suetônio, *Cláudio* 29.

casara-se com sua sobrinha, constituindo um incesto de acordo com as leis romanas. Na pretexta Otávia, obra atribuída por muitos críticos a Sêneca, há também uma passagem que faz a fusão da mitologia com a situação vivida por romanos. No caso, Otávia padece por causa de Nero, já que são considerados irmãos e são casados: *sola Tonantem tenet aetherio/ secura toro maxima Iuno,/ nec mortali captus forma/ deserit altam Iuppiter aulam./ Tu quoque, terris altera Iuno,/ soror Augusti coniunxque, graues/ uince dolores*[76] (agora a grande Juno, em segurança,/ domina sozinha o rei dos trovões no leito etéreo/ e Júpiter não mais deixará o palácio da altura,/ seduzido por alguma beleza mortal./ Tu também, outra Juno na terra,/ irmã e esposa do Augusto,/ procura vencer teus penosos sofrimentos). Por fim, como prática da menipeia, o autor estabelece relação com outros textos, no caso com aqueles que atestam o casamento entre irmãos ser permitido em outras regiões. Cornélio Nepos é um que escreveu acerca disso em *Cimon*, I, 2: *Namque Atheniensibus licet eodem patre natas uxores ducere* (Com efeito, aos atenienses era permitido aos pais mesmos tomarem as filhas como esposas). O próprio Tácito (*Anais*, XII, 6) relata que, na ocasião do casamento de Cláudio e de Agripina, um senador discursou apontando o casamento entre parentes ser comum em outras nações, e Sêneca reproduz no excerto analisado da *Apocolocintose* essa mesma informação como forma de escarnecer Cláudio.

A depreciação de Cláudio prossegue:

'Quia Romae' inquis 'mures molas lingunt', hic nobis curua corrigit? Quid in cubiculo suo faciat nescio, et iam "caeli scrutatur plagas"! Deus fieri uult: parum est quod templum in Britannia

'Como em Roma, dizes, os ratos lambem as mós de um moinho', ele vem endireitar as nossas coisas retorcidas? Desconheço aquilo que faça em sua alcova e já 'procura conhecer as ex-

76 *Octauia*, 215-220. Tradução de Zelia de Almeida Cardoso. Inédito.

habet, quod hunc barbari colunt et ut deum orant μωροῦ εὐιλάτου τύχην ?	tensões do céu'! Quer tornar-se deus: é pouco que ele tenha um templo na Bretanha, e que os bárbaros o cultuam e suplicam para ele, como para um deus, μωροῦ εὐιλάτου τύχην (a fortuna de um estúpido bem propício)?

Inicia-se o texto com uma reelaboração de trecho da mesma *Apocolocintose* (VII, 1): *Venisti huc ubi mures ferrum rodunt* (Vieste para aqui, onde os ratos roem o ferro). Agora, a divindade que proclama este longo discurso contra Cláudio insinua – diferentemente do que acontece no céu – que em Roma há facilidades, visto que na capital do Império os ratos lambem farinha (*mures molas lingunt*). Insinua-se também na passagem o que acontecia no quarto de Cláudio, no tempo em que era casado com Messalina[77], esposa que Cláudio tivera antes de Agripina. A sugestão do que ocorria no quarto do *princeps* serve como dado comparativo contra a divinização de Cláudio. Como prática da sátira menipeia também é a referência a outros textos, no excerto Sêneca insere uma citação do poeta Ênio[78], passagem que Cícero também havia citado em *De Re Publica* e em *De Divinatione*. Além de remeter a Ênio, Sêneca dialoga com o pensamento do poeta mencionado, já que Ênio aceita "a tese de que os deuses não são mais do que homens de grandes méritos divinizados depois da morte pelo reconhecimento dos seus concidadãos"[79]. Há, portanto, crítica à divinização de Cláudio por este não possuir grandes méritos em vida e, a título de exemplo, por não reconhecer o que acontecia em seu próprio quarto.

77 Sobre as traições de Messalina, cf. Tácito (*Anais*, XI, 13) e Suetônio (*Cláudio*, 29).

78 Ênio (239 a.C. – 169 a.C.), autor representativo dos inícios da poesia latina; restam dele fragmentos. A passagem citada da *Iphigênia* de Ênio é q*uod est ante pedes nemo spectat, caeli scrutantur plagas* (o que está diante dos pés ninguém olha, procuram explorar as extensões do céu).

79 *História da Literatura Latina*, de Ettore Paratore. Fundação Calouste Gulbenkian, 1987, p. 66.

Na linha dos poucos méritos de Cláudio, Sêneca apresenta o que o *princeps* tinha: um templo em Camaloduno, na Bretanha. Sêneca registra que esse templo era motivo de insatisfação dos habitantes dos arredores daquela região, visto que consideravam o edifício destinado ao culto um símbolo da escravidão imposta por Roma. Conciliando mais uma vez expressões em grego e em latim, Sêneca brinca com a ideia de que os bárbaros cultuam não um deus, mas um homem louco e grosseiro no templo de Camaloduno. A ironia de Sêneca passa pelo genitivo *μωροῦ* (do grego *μωρός*, estúpido), trocadilho que Nero também usava com a palavra latina *morari* para se referir a Cláudio como um louco e tolo[80].

Na sequência da *Apocolocintose*, Sêneca escreve:

Tandem Ioui uenit in mentem, priuatis intra Curiam morantibus, nec sententiam dicere licere nec disputare. "Ego inquit P. C.., interrogare uobis permiseram, uos mera mapalia fecistis. Volo ut seruetis disciplinam Curiae. Hic, qualiscumque est, quid de nobis existimabit?"

Por fim, Júpiter lembra-se de que não é permitido, com particulares delirantes dentro da Cúria, examinar nem pronunciar pareceres. "Eu, diz, tinha permitido a vós, senadores, interrogá-lo, e vós fizestes daqui uma autêntica choça. Quero que preserveis o regulamento da Cúria. Este, seja quem for, o que pensará de nós?"

Neste fragmento do capítulo IX, o enredo se volta para os componentes da Cúria celestial, numa clara referência à Cúria romana e, consequentemente, aos senadores romanos. A crítica surge na referência à desorganização dos ditos pais da pátria com a presença de Cláudio (*priuatis*) e por meio das palavras ditas por Júpiter a respeito daquele local, que parecia uma autêntica

80 Cf. Suetônio, *Nero*, 33.

choça (*mera mapalia*). Prossegue, dessa forma, o *concilium deorum* (concílio dos deuses), que era parte constituinte da tradição literária greco-latina em geral e, em particular, da sátira menipeia.

Seguindo o protocolo da Cúria romana, a *Apocolocintose* começa a apresentar os discursos a respeito da divinização de Cláudio:

Illo dimisso, primus interrogatur sententiam Ianus pater. Is designatus erat in kal. Iulias postmeridianus consul, homo quantumuis uafer, qui semper uidet ἅμα πρόσσω καὶ ὀπίσσω. Is multa diserte, cum in Foro uiuebat, dixit, quae notarius persequi non potuit, et ideo non refero, ne aliis uerbis ponam quae ab illo dicta sunt. Multa dixit de magnitudine deorum; non debere hunc uulgo dari honorem: "Olim, inquit, magna res erat deum fieri; iam Fabam mimum fecistis. Itaque, ne uidear in personam, non in rem dicere sententiam, censeo ne quis post hunc diem deus fiat ex his qui ἀρούρης καρπὸν ἔδουσιν aut ex his quos alit ζείδωρος ἄρουρα. Qui contra hoc senatus consultum deus factus, dictus pictusue erit, eum dedi Laruis et proximo munere inter nouos auctoratos ferulis uapulare placet."

Depois de dispensar Cláudio, o primeiro a ter o pensamento questionado é o pai Jano. Nas calendas de julho, havia sido designado cônsul da tarde ele, homem sagaz tanto quanto possível, que sempre vê ἅμα πρόσσω καὶ ὀπίσσω (ao mesmo tempo atrás e à frente). Como quem vivia no Fórum, ele disse com grande eloquência muitas coisas que o escrivão não pôde acompanhar, e por isso não as reproduzo para não colocar outras palavras que por ele foram ditas. Ele disse muitas coisas a respeito da magnitude dos deuses e que essa honra não deve ser entregue ao vulgo. "Outrora, diz, era grande acontecimento ser transformado em deus: agora vós fizestes a comédia em fava. Assim, para que não pareça dar um juízo contra esta pessoa e contra esta sentença, proponho que ninguém após este dia seja feito deus daqueles que ἀρούρης καρπὸν ἔδουσιν (comem o fruto da

> Terra), ou daqueles que ζείδωρος ἄρουρα (a fecunda terra) alimenta. Quem contrariamente a este decreto do Senado for feito ou dito deus, ou representado como deus, eu o ofertarei às Larvas e no próximo espetáculo será do agrado que ele leve chibatadas entre os novos gladiadores."

Como os historiadores da época relatam, Cláudio foi de fato deificado depois de muita polêmica no Senado. Uma das razões de Sêneca escrever a *Apocolocintose* é justamente criticar essa divinização, impensável para alguém como Cláudio, segundo expressa o filósofo nesta sátira. Dessa forma, Sêneca coloca Cláudio no céu com a intenção de mostrar como o senado celestial julgaria as ações do *princeps*, numa associação senado romano igual a senado celestial que, num primeiro momento, é vista de forma crítica e irônica pelo autor da *Apocolocintose*.

Para o autor da *Apocolocintose*, cada palavra ou expressão inserida nesta sátira contra Cláudio tem muito valor e muita importância. Assim, não é acaso que Jano seja o primeiro a discursar. Jano é um dos deuses mais antigos do mundo romano e é representado com dois rostos que se opõem, por isso a inserção na *Apocolocintose* da expressão *ἅμα πρόσσω καὶ ὀπίσσω* (ao mesmo tempo atrás e à frente). Ainda sobre a expressão citada, Sêneca foi buscá-la na *Ilíada*[81], na mescla que a menipeia faz entre o gênero dito alto e o gênero baixo. Como aquele que vislumbra os acontecimentos anteriores como também o porvir, Jano é marcadamente o deus das transições, do novo começo. Outras características de Jano são a honestidade, a paz profunda e a proteção aos romanos em tempo de guerra[82]. É importante e simbólica a fala de

81 A expressão caracteriza Príamo (*Ilíada*, III, 109).

82 GRIMAL, Pierre. *Dicionário da Mitologia Grega e Romana*, p. 258.

Jano, porque pode ter como propósito a indicação do início de uma nova era para Roma, como já relatado em várias passagens, das quais se destaca: *talis Caesar adest, talem iam Roma Neronem aspiciet* (Tal César está presente, Roma contemplará agora tal Nero)[83]. Outro dado do texto, que estabelece relação de Jano ao início de um novo período, é a designação do deus para cônsul nas calendas de julho, exatamente o primeiro dia da segunda metade do ano.

Ainda neste excerto, há o elemento metalinguístico na orientação do narrador ao leitor, em que se ironiza a possível retórica e eloquência do político: *Is multa diserte, cum in Foro uiuebat, dixit, quae notarius persequi non potuit* (Como quem vivia no Fórum, ele disse com grande eloquência muitas coisas que o escrivão não pôde acompanhar). Nesse caso, há uma alusão à verborragia dos discursos políticos do senado romano. Mesmo que não reproduza todo o discurso de Jano, Sêneca apresenta a parte mais importante do discurso fictício deste deus, a saber, seu veredicto a respeito da deificação do *princeps*. Intertextualmente, Sêneca busca de novo em Homero as referências, e então introduz os dizeres: *ne quis post hunc diem deus fiat ex his qui ἀρούρης καρπὸν ἔδουσιν aut ex his quos alit ζείδωρος ἄρουρα* [ninguém após este dia seja feito deus daqueles que ἀρούρης καρπὸν ἔδουσιν (comem o fruto da Terra), ou daqueles que ζείδωρος ἄρουρα (a fecunda terra) alimenta]. A linguagem utilizada no excerto imita, parodisticamente, a empregada pelos políticos romanos em seus discursos na Cúria. Jano dá, assim, o veredicto final sobre a divinização de Cláudio, e nisso há uma referência às Larvas (*Laruis*), que – para os antigos romanos – simbolizavam espíritos ruins que vagavam entre os vivos para aterrorizá-los. Outra referência a aspectos da vida romana no fragmento ora analisado ocorre em relação aos gladiadores, que praticavam a arte da luta com espadas reais e, consequentemente, se feriam. Dessa maneira, o fragmento se encerra com a sentença desfavorável de Jano à deificação de Cláudio.

---

83 *Apocolocintose* IV, 1.

Sêneca dá continuidade à derrisão de Cláudio, assim:

Proximus interrogatur sententiam Diespiter, Vicae Potae filius, et ipse designatus consul, nummulariolus: hoc quaestu se sustinebat, uendere ciuitatulas solebat. Ad hunc belle accessit Hercules et auriculam illi tetigit. Censet itaque in haec uerba: "Cum Diuus Claudius et Diuum Augustum sanguine contingat, nec minus Diuam Augustam auiam suam, quam ipse deam esse iussit, longeque omnes mortales sapientia antecellat, sitque e re publica esse aliquem qui cum Romulo possit 'feruentia rapa uorare', censeo uti Diuus Claudius ex hac die deus sit, ita uti ante eum qui optimo iure factus sit, eamque rem ad Metamorphosis Ouidi adiciendam."

O próximo que tem o parecer questionado é Diéspiter, filho de Vica Pota, cônsul designado e também pequeno banqueiro. Com esta renda ele se sustentava: tinha o costume de vender direitos de cidadão. Sutilmente Hércules aproximou-se dele e tocou-lhe a orelha. Dessa forma, Diéspiter manifesta-se com estas palavras: "Como o divino Cláudio tenha relação de sangue não só com o divino Augusto como também com a divina Augusta, sua avó, que ele mesmo decretou ser divina, e que de longe ele exceda todos os mortais em sabedoria, e que exista na república alguém que possa 'devorar nabos fervidos' com Rômulo, declaro que o divino Cláudio seja deus a partir desta data, assim como antes dele qualquer um que, com a melhor condição legal, tenha se tornado deus, e se acrescente este acontecimento às *Metamorfoses* de Ovídio." (*Apocol.*, IX, 4-5)

A paródia do senado romano prossegue com um discurso oposto ao de Jano. A oratória neste trecho é por conta de Diéspiter, antiga divindade solar da região itálica identificado depois com Júpiter. Vica Pota, mãe de Diéspiter, é divindade relacionada com a vitória. Ambos, Diéspiter e Vica Pota, são divindades arcaicas e quase desconhecidas dos romanos do século I d.C. Sêneca utiliza-os, propositadamente, em oposição aos valores ditos modernos que Nero representará; isso porque Diéspiter faz a defesa de Cláudio. Sêneca, dessa forma, defende o novo – Nero – em oposição aos antigos preceitos, representados no discurso por Diéspiter e a favor da divinização. Além disso, Sêneca retoma o assunto cidadania romana[84], dessa vez denunciando o ganho que algumas autoridades poderiam ter ou tinham com a venda de títulos de cidadão romano[85]. Em relação às características da menipeia, a vinculação de Diéspiter com Cláudio se encaixa na segunda particularidade deste gênero, em que se relacionam figuras lendárias e históricas.

A mistura do formal com o informal também é fator caracterizante da menipeia, e a palavra *belle* (*Ad hunc belle accessit Hercules*) é coloquialismo romano empregado por Sêneca na articulação desejada por Hércules. Como Hércules apoia a divinização do *princeps*, é importante para o entendimento da *Apocolocintose* essa mescla do elevado – Hércules – com o coloquial, resultando em um rebaixamento do herói para que, por extensão, rebaixe-se a pessoa de Cláudio. No mesmo trecho, há o reconhecimento dos acordos existentes nas articulações políticas ao inserir o costume romano do toque na orelha. Tocava-se a parte de baixo da orelha para se ter alguém como testemunha como no período *Ad hunc belle accessit Hercules et auriculam illi tetigit. Censet itaque in haec uerba* (Sutilmente Hércules aproximou-se dele e tocou-lhe a orelha. Dessa forma, Diéspiter manifesta-se com estas palavras). Entende-se que Diéspiter fora cooptado por Hércules para que se lembrasse dos benefícios que Cláudio fizera em vida para aquele. Entre autores latinos que citam o referido costume, Plínio considera a orelha a sede da memória:

84 *Apocolocintose*, III, 3.

85 Cf. Dion Cássio LX, 17. Este historiador também escreveu a respeito da cidadania romana sob Cláudio.

Est in aure ima memoriae locus, quem tangentes antestamur[86] (é no pé da orelha o local da memória, local que tomamos por testemunha ao tocá-la). Horácio também faz menção ao costume em *Sermones* I, 9, 77: *'Licet antestari?' Ego uero oppono auriculam.* ('posso tomar-te por testemunha?' Eu, na verdade, apresento a orelha). Vírgilio também o faz na écloga VI[87].

Sêneca lança mão mais uma vez de fatos históricos de sua época na sequência deste mesmo trecho analisado. Diéspiter já trata Cláudio como deus, apoiando seu discurso na divinização de Augusto e de Augusta, avó de Cláudio, elevada à condição de divindade[88] pelo *princeps* ironizado na *Apocolocintose*. Também de forma irônica Suetônio[89] afirma que Augusta não apresentava muitas afeições pelo neto e dava-lhe conselhos secos e ásperos. O discurso de Diéspiter segue a linha do elogio e cabe aqui uma comparação também mordaz com o próprio discurso de Nero quando Cláudio morrera. Assim, a intenção de Sêneca é produzir humor com as palavras elogiosas de Diéspiter a Cláudio, da mesma forma que o riso havia sido inevitável na cerimônia fúnebre de Cláudio[90]. O humor, também característica desta sátira, culmina na passagem com a referência a Cláudio poder *feruentia rapa uorare* (devorar nabos fervidos), visto que o *princeps* era conhecido por sua grande vontade de comer e beber a qualquer hora[91], e a expressão *ferventia rapa uorare* alude a uma comida frugal, econômica. Era senso comum em Roma

86 Historia Naturalis, XI, 103.

87 *Cum canerem reges et proelia, Cynthius aurem/ uellit, et admonuit* (como eu cantasse reis e batalhas, Cíntio (Apolo) advertiu-me e belisca a [minha] orelha).

88 Cf. Suetônio, *Cláudio*, 11 e Dion Cássio LX, 5.

89 *Cláudio*, 3. *Avia Augusta pro despectissimo semper habuit, non affari nisi rarissime* (a avó Augusta teve por ele sempre muito desprezo; falava com ele a não ser rarissimamente).

90 Tácito (Anais, XIII, 3) relata: *postquam ad prouidentiam sapientiamque flexit, nemo risui temperare* (depois que [Nero] pronunciou sobre a suprema sabedoria e conhecimento [de Cláudio], ninguém [pôde] moderar o riso).

91 Cf. Suetônio, *Cláudio,* 33.

a ideia de que Rômulo, depois de divinizado, continuara a alimentar-se de forma modesta, exatamente dos nabos fervidos[92]. Sêneca reafirma, portanto, a impossibilidade de Cláudio tornar-se deus, e faz isso no trecho com a comparação com Rômulo, fundador de Roma. O discurso de Diéspiter está em simetria com o de Jano no uso de expressões que se referem à comida. Enquanto que na exposição de Jano há a referência aos que *ἀρούρης καρπὸν ἔδουσιν* (comem o fruto da Terra), ou daqueles que *ζείδωρος ἄρουρα* (a fecunda terra) alimenta, Diéspiter utiliza-se de *feruentia rapa uorare* (devorar nabos fervidos). Sêneca busca expressões dos chamados gêneros elevados para estruturar sua menipeia contra Cláudio, o *princeps* morto.

O excerto encaminha-se para seu término com a referência intertextual ao livro *Metamorfoses*, de Ovídio. Sêneca utiliza-se no trecho de uma linguagem formal e típica do senado romano em *ita uti ante eum qui optimo iure factus sit, eamque rem ad Metamorphosis Ouidi adiciendam* (assim como antes dele qualquer um que, com a melhor condição legal, tenha se tornado deus, e se acrescente este acontecimento às *Metamorfoses* de Ovídio) para que, imitando assim o discurso político, Diéspiter possa convencer seus pares a divinizar Cláudio. Como as *Metamorfoses* já estavam escritas e publicadas, o pedido de Diéspiter não pode ser realizado, daí mais uma razão contra a divinização de Cláudio. Nesta relação, portanto, intertextual e metalinguística, enquanto as *Metamorfoses*[93] celebram a apoteose de Rômulo e de César, a *Apocolocintose* celebra o escárnio de Cláudio.

Sêneca narra, assim, a seguir:

92 Marcial relata isso em *Xênia (XIII),16: Haec tibi brumali gaudentia frigore rapa/ quae damus, in caelo Romulus esse solet* (estes rábanos, apreciadores do frio invernal,/ que te damos, costuma-os comer Rômulo no céu).

93 Para a apoteose de Rômulo, cf. livro XIV, 772-828; para a de César, livro XV, 745-870.

Variae erant sententiae, et uidebatur Claudius sententiam uincere. Hercules enim, qui uideret ferrum suum in igne esse, modo huc, modo illuc cursabat et aiebat: "Noli mihi inuidere, mea res agitur; deinde tu si quid uolueris, in uicem faciam; manus manum lauat."	Várias eram as opiniões e Cláudio parecia ganhar a proposição. Com efeito Hércules, como via que seu ferro estava no fogo, corria para aqui e para ali e dizia: "Não queiras me embaraçar: trata-se de meus interesses; depois se tu desejares, farei por ti igualmente. Uma mão lava a outra." (*Apocol.*, IX, 6)

Com uma opinião contra e outra favorável à transformação de Cláudio em deus, há a produção de certo suspense com a afirmação de que Cláudio levava vantagem nesta disputa dentro da Cúria celestial. Com as várias opiniões de divindades, intenciona-se a reprodução dos debates acalorados que aconteciam no senado romano, aqui claramente na forma de paródia. E como nos debates exaltados, os interesses deixam o coletivo de lado para cair nos interesses individuais, e essa crítica Sêneca faz ao colocar a seguinte fala na boca do poderoso herói Hércules: *"Noli mihi inuidere, mea res agitur; deinde tu si quid uolueris, in uicem faciam; manus manum lauat* (Não queiras me embaraçar: trata-se de meus interesses; depois se tu desejares, farei por ti igualmente. Uma mão lava a outra). Sêneca evidencia a corrupção na Cúria celestial, e propõe ao leitor a analogia com a Cúria romana e seus velhos costumes. Infere-se nessa crítica que o governo de Cláudio e seus auxiliares possuíam como característica a perversão dos costumes, e que com Nero será diferente, exatamente pela censura à apoteose de Cláudio. Desse ponto de vista, a *Apocolocintose* não é só o escárnio de Cláudio, mas também o louvor de uma nova forma de governar, associada a Nero e à ideia de um novo século de ouro.

Neste mesmo excerto, Sêneca faz uso de estrutura coloquial com *qui uideret ferrum suum in igne esse* (como via que seu ferro estava no fogo). Esse mesmo trecho, que indica, metaforicamente, os bastidores das negociações e suas dificuldades, pode ser associado à outra passagem da *Apocolocintose: Venisti huc ubi mures ferrum rodunt* (Vieste para aqui, onde os ratos roem o ferro)[94]. Mais uma vez, Sêneca estrutura seu libelo contra Cláudio conforme as características da sátira menipeia, visto que há uma intenção de humor e de paródia na ação de Hércules, isto é, transformar Cláudio em deus é tão ou mais difícil que a realização de qualquer dos doze trabalhos. Sêneca se faz mais desdenhoso na paródia a Hércules com a inserção da expressão *modo huc, modo illuc* (para aqui e para ali), extraída de um poema de Catulo[95]. No referido poema, o verso catuliano faz referência ao pássaro de Lésbia, e aqui Sêneca provoca o sorriso no leitor ao levá-lo a imaginar o grande herói saltitando graciosamente como a ave de Lésbia. Sêneca fecha o fragmento analisado com o popular provérbio 'uma mão lava a outra', em que se explicita de vez o funcionamento da velha política e dos políticos romanos, associados que foram à Cúria celestial, e ainda com o herói grego dessacralizado, para assim provocar o escárnio contra o *princeps* morto.

No prosseguir da invectiva de Sêneca contra Cláudio, temos o seguinte excerto:

Tunc diuus Augustus surrexit sententiae suae loco dicendae et summa facundia disseruit. "Ego inquit P.C., uos testes habeo, ex quo deus factus sum, nullum me uerbum fecisse. Semper meum negotium ago. Sed non possum amplius dissimulare et dolorem, quem grauiorem pudor facit,	Então o divino Augusto levantou-se de seu lugar e discorreu com extrema eloquência seu discurso: "Eu, diz, tenho a vós, senadores, como testemunhas de que nenhum discurso fiz desde que me tornei deus. Sempre me ocupo de minha obrigação. Entretanto não posso fingir por mais tempo

94 *Apocolocintose,* VII, 1.

95 Cf. Catulo, 3, 9.

continere. In hoc terra marique pacem peperi? Ideo ciuilia bella compescui, ideo legibus Vrbem fundaui, operibus ornaui, ut... Quid dicam, P.C., non inuenio: omnia infra indignationem uerba sunt. Confugiendum est itaque ad Messalae Coruini, disertissimi uiri, illam sententiam: 'Pudet imperii.'	nem reprimir a dor que a vergonha faz mais insuportável. Obtive a paz na terra e no mar para isto? Para isto acabei com as guerras civis? Para isto assentei solidamente a cidade, ornei-a com obras, para quê? Senadores, não encontro o que diga: todas as palavras são inferiores à minha indignação. Desse modo deve-se procurar auxílio naquela sentença de Messala Corvino, homem muito eloquente: 'tenho vergonha do poder'. (*Apocol.* X, 1-2)

Neste capítulo, há uma mudança da inflexão desta invectiva contra Cláudio. O tom do texto torna-se mais sério, e as palavras colocadas na boca de Augusto apresentam um estilo solene. Sêneca vale-se da imagem de Augusto para encaminhar o veredicto contra a divinização de Cláudio. Otávio Augusto é a própria representação do ideal romano; encontrou uma Roma caótica ao chegar ao poder e deixou, na medida do possível, "um Estado organizado, pacificado, munido de um ideal e de uma razão de ser que os contemporâneos de César haviam em vão procurado"[96]. Sem dúvida, Augusto é considerado uma das figuras mais influentes, e Sêneca o utiliza, para assim encerrar de vez a tentativa da apoteose de Cláudio, já que não cabe comparação entre os dois governantes de Roma.

No fragmento acima, Sêneca imita o estilo de Augusto, notadamente as *Res Gestae*[97] deste *princeps*. Suetônio afirma que Augusto apreciava um tipo de

96 Cf. *O Século de Augusto*, de Pierre Grimal, p. 15.

97 Para uma versão em português, confira *A vida e os feitos de Divino Augusto*, editora UFMG, 2007.

escrita simples e clara, longe do preciosismo, dos termos obscuros e das frases vazias[98]. Novamente, a crítica à dificuldade de expressão de Cláudio pode ser inferida assim que se lê *Tunc diuus Augustus surrexit sententiae suae loco dicendae et summa facundia disseruit* (Então o divino Augusto levantou-se de seu lugar e discorreu com extrema eloquência seu discurso). Em relação ao estilo, em primeiro lugar Augusto escrevia sobre si mesmo e sobre os cargos ocupados, para depois informar as providências públicas tomadas por ele. No trecho, Sêneca imita esse estilo, Augusto aí se apresenta como uma pessoa discreta, que se ocupa das suas obrigações para depois, retoricamente, questionar mostrando, entre outros feitos, como conseguiu a paz na terra e no mar (*In hoc terra marique pacem peperi?* – Obtive a paz na terra e no mar para isto?)[99]. No processo de estruturar um gênero baixo – a sátira menipeia, por exemplo – com um gênero alto – as *Res Gestae*, de Augusto –, Sêneca parodia passagens da obra do mais famoso *princeps* romano: *Ideo ciuilia bella compescui, ideo legibus Vrbem fundaui, operibus ornaui* (Para isto acabei com as guerras civis? Para isto assentei solidamente a cidade, ornei-a com obras, para quê?)[100].

Ainda no excerto, o período *Sed non possum amplius dissimulare et dolorem, quem grauiorem pudor facit, continere* (Entretanto não posso fingir por mais tempo nem reprimir a dor que a vergonha faz mais insuportável), colocado na boca de Augusto, pode ser lido como a vergonha gerada pela divinização de alguém incapaz para qualquer atividade pública como Cláudio, mesmo sendo parente de Augusto. Também pode se fazer uma analogia com uma carta que Augusto envia a Lívia, carta que Suetônio reproduz em *Cláudio*, 4. Dessa carta destacamos: *Spectare eum circenses ex puluinari non placet nobis; expositus enim in fronte prima spectaculorum conspicietur* (Não é

98 Cf. Augusto, 86. Tácito (*Anais*, XIII, 3) também informa que Augusto possuía a capacidade de expressar-se facilmente.

99 Cf. *Res Gestae*, XIII.

100 Idem, XXXIV, XIX – XXI.

do nosso agrado que ele veja do camarote imperial os jogos circenses; exposto com efeito na frente dos espetáculos chamará a atenção). Suetônio é posterior a Sêneca e dá notícia da carta; portanto, pode-se deduzir que o conteúdo dessa missiva era de conhecimento na época de Sêneca, e que a visão de Augusto corrobora os sentimentos de Sêneca na jornada para depreciar Cláudio.

Por fim, neste capítulo abundante de referências, Sêneca cita, por meio de Augusto, a sentença de Messala Corvino: *Pudet imperii* ('tenho vergonha do poder'). O dito atribuído a Messala Corvino faz referência ao uso do poder. Segundo Tácito[101], assim que Augusto obteve o poder absoluto, Messala Corvino foi o primeiro a ser nomeado para que pudesse coibir com castigos os escravos insubordinados, porém deixou o cargo poucos dias depois alegando incapacidade para tal incumbência. A crítica que se busca nessa passagem é a referência de que Messala Corvino foi um homem competente, escolhido por Augusto para responsabilidades públicas, mas que reconheceu a própria limitação no uso do poder. Sêneca procura dessa maneira atingir Cláudio e a inépcia do *princeps* em tentar ser divinizado; é o preceptor de Nero reiterando a incompatibilidade entre o poder ou condição divina e a própria pessoa de Cláudio.

O discurso de Augusto continua assim:

Hic, P.C., qui uobis non posse uidetur muscam excitare, tam facile homines occidebat quam canis excidit. Sed quid ego de tot ac talibus uiris dicam? Non uacat deflere publicas clades intuenti domestica mala. Itaque illa omittam, haec referam; nam, etiam si sormea	Este, senadores, que a vós parece não poder despertar uma mosca, tão facilmente matava homens quanto um cão se assenta. Mas o que eu falarei de tantos e semelhantes homens? Não há tempo para chorar as desgraças públicas ao se fixar os olhos nas

101 *Anais*, VI, 11.

graece nescit, ego scio: ἔγγιον γόνυ κνήμης.	desgraças familiares. Dessa forma deixarei de lado aqueles fatos e trarei estes: pois mesmo que *** desconheça o grego, eu o conheço: ἔγγιον γόνυ κνήμης (está mais perto o joelho do que a panturrilha). (*Apocol.*, X, 3)

Além de prezar uma linguagem simples, Augusto fazia uso da linguagem dos provérbios populares[102]. Neste parágrafo, Sêneca imita novamente Augusto e logo no início do excerto escreve: *qui uobis non posse uidetur muscam excitare* (que a vós parece não poder despertar uma mosca). Sobre a inutilidade e insignificância da mosca, Petrônio (*Satyricon*[103], XLII, 4) fez referência; Luciano de Samósata escreveu uma sátira[104] bastante irônica. No mesmo período, há outra sentença popular em *tam facile homines occidebat quam canis excidit* (tão facilmente matava homens quanto um cão se assenta). O que Sêneca, entretanto, ressalta pela voz de Augusto é a capacidade de Cláudio de tirar a vida de outrem[105].

Segundo os dados históricos, Augusto, quando esteve à frente de Roma, preocupou-se em permanecer fiel ao velho ideal romano da simplicidade e da economia. Evitou o excesso de luxo e primou pela moralização dos costumes. Sêneca apoia-se nesse fato para introduzir a intimidade da corte de Cláudio em *non uacat deflere publicas clades intuenti domestica mala* (Não há tempo para chorar as desgraças públicas ao se fixar os olhos nas desgraças familiares). Em uma clara referência aos atos de Messalina, Sêneca ainda insere um dito

102 Cf. Suetônio, *Augusto*, 87.

103 *Minoris quam muscae sumus, muscae tamen aliquam uirtutem habent, nos non pluris sumus quam bullae* (somos menores que moscas; as moscas, todavia, possuem alguma virtude, nós não somos mais que bolhas).

104 *Elogio da mosca.*

105 Cf. Suetônio, *Cláudio*, 29. Cf. também neste trabalho de pesquisa nossa tradução da

popular em língua grega – *está mais perto o joelho do que a panturrilha* –, para deixar bem claro que conhecia aquilo a que estava se referindo. Nesse mesmo excerto, há uma lacuna no texto que, segundo a edição estabelecida pela Les Belles Lettres, deve ser preenchida com o vocábulo *sormea*, intraduzível em português. Outras edições[106] consideram a expressão *soror mea*, traduzida então para "minha irmã". Augusto, apesar de não falar nem escrever em grego correntemente, estudara a língua grega com Apolodoro de Pérgamo[107]. Caso se pense na hipótese *soror mea*, Augusto faz um elogio a si mesmo e critica a irmã, por esta não saber o grego.

Sêneca dá andamento à sátira contra Cláudio, por intermédio de Augusto, da seguinte maneira:

Iste quem uidetis, per tot annos sub meo nomine latens, hanc mihi gratiam rettulit, ut duas Iulias proneptes meas occideret, alteram ferro, alteram fame, unum abnepotem L. Silanum: uideris, Iuppiter, an in causa mala; certe in tua, si aequus futurus es. Dic mihi, diue Claudi, quare quemquam ex his quos quasque occidisti, antequam de causa cognosceres, antequam audires, damnasti? Hoc ubi fieri solet? In caelo non fit.

Este, a quem estais vendo, por numerosos anos escondendo-se sob meu nome, restituiu-me a graça, ainda que matasse duas Júlias, minhas bisnetas – uma com o ferro, outra com a fome –, e um trineto, Lúcio Silano: verás tu, ó Júpiter, ou numa causa má, mas certamente numa causa tua, se hás de ser justo. Dize-me, divino Cláudio, por que motivo algum destes, os quais e as quais mataste antes de tomar conhecimento

Apocolocintose, VI, 2: Todavia ele ordenava que Febre fosse levada dali, com aquele gesto de mão frouxa, mas somente para isto bastante firme: porque estava habituado a degolar homens. Ele tinha decretado cortar o pescoço de outros: considerarias que todos fossem libertos dele, mas até o momento ninguém se importou com ele.

106 Cf. a edição estabelecida pela Loeb Classical Library.

107 Cf. Suetônio, *Augusto*, 89.

> das razões, antes de ouvi-los, por que razão os condenaste? Em que lugar costuma acontecer isso? No céu não acontece. (*Apocol.*, X, 4)

Há no parágrafo mais uma alusão histórica na informação de que Cláudio escondia-se sob o nome de Augusto[108] e também sob o de César. Na própria *Apocolocintose*, Sêneca já fizera referência a isso[109] de forma irônica, apesar da praxe entre os governantes de Roma, após a morte de Júlio César, terem adotado o título e o nome de César. Críticas sobre o morticínio provocado por Cláudio continuam neste fragmento analisado, e seu autor faz questão de voltar sempre a esse ponto como forma de ressaltar a violência do *princeps* morto. As atitudes de um *princeps* para Sêneca deveriam passar pela clemência, pelo *mos maiorum*. O mesmo Sêneca escreveu em *De Clementia* (XXIV, 5), dedicado a Nero:

Felicitas illa multis salutem dare et ad uitam ab ipsa morte reuocare et mereri clementia ciuicam. Nullum ornamentum principis fastigio dignius pulchriusque est quam illa corona ob ciues seruatos, non hostilia arma detracta uictis, non currus barbarorum sanguine cruenti, non parta bello spolia. Haec diuina potentia est gregatim ac publice seruare; multos quidem occidere et indiscretos incendii ac ruinae potentia est.

A verdadeira felicidade consiste em proporcionar salvação a muitos e, da própria morte, fazê-los retornar à vida, merecendo a coroa cívica pela clemência. Não há ornamento mais digno da proeminência do príncipe e nada mais belo do que a famosa coroa: 'por ter salvo a vida de cidadãos', nem os carros manchados de sangue dos bárbaros, nem os despojos obtidos na guerra. Este é um poder divino, o de salvar multidões e em

108 Idem, Cláudio, 11.

109 *Apocolocintose,* V, 4.

> massa. Na verdade, matar muitos e indistintamente é poder do fogo e da destruição.[110]

Evidencia-se no excerto do *De Clementia* a exaltação das virtudes que um governante deve apresentar e praticar para obter sucesso. Tais atitudes são divinas, porque é um poder oriundo dos deuses, em oposição às ações de Cláudio que, segundo relatado na *Apocolocintose* e pelos historiadores da época – Suetônio e Tácito, principalmente –, eram sempre enviesadas pela morte. O último período deste trecho do *De Clementia* pode ser lido como uma crítica a Cláudio no que concerne, portanto, a matar muitos (*multos occidere*).

Tornando ao trecho analisado da *Apocolocintose*, Sêneca busca novamente os dados históricos a respeito da corte de Cláudio, dados estruturados de maneira que se inserem nas características da sátira menipeia, em que apresenta o homem na sua essência e na sua totalidade[111]. Assim, o preceptor de Nero nos apresenta e relembra ao leitor da época as duas Júlias, bisnetas de Augusto. Júlia Livila, filha de Germânico e irmã de Calígula, foi acusada de conduta imoral, desterrada e, privada de alimentar-se, morreu no exílio. Considerava-se Sêneca entre seus amantes, sendo essa acusação um dos motivos do exílio do filósofo no início do governo de Cláudio[112]. Parece haver no desterro um fundo de intriga política, pois Messalina – esposa de Cláudio à época – livrava-se de concorrente ao leito nupcial, como Agripina, outra sobrinha de Cláudio que fora exilada, mãe de Nero e futura esposa de Cláudio. Para Sêneca, o exílio veio em lugar da morte, visto que foi solicitada para ele a pena de morte, acusado que foi de adultério. Ironicamente, quem o livrou da

110 *Tratado sobre a Clemência*. Editora Vozes, p. 76. Tradução de Ingeborg Braren.

111 BAKHTIN, Mikhail. Op. cit. p. 115.

112 Cf. Tácito, *Anais*, XIII, 42.

morte na época foi Cláudio[113]. Essa angústia por ter sido exilado por Cláudio, embora o mesmo *princeps* tenha evitado a sua morte, revela-se com toda a força contra Cláudio nesta derrisão que é a *Apocolocintose*. Sobre a segunda Júlia citada, ela era filha de Druso e também foi acusada de adultério[114]. Silano era filho de Emília Lépida, neta de Júlia, filha de Augusto. Já citado na *Apocolocintose* (VIII, 1), Lúcio Silano era noivo de Otávia, filha de Cláudio. Agripina, mãe do futuro imperador Nero, preparou intrigas incestuosas em relação a Silano e à irmã deste, Júnia Calvina. Cláudio o condenou, e este se matou no dia do casamento do *princeps* com Agripina[115].

À parte a importância dos dados históricos, que demonstram a crueldade de Cláudio, a ironia se faz mais incisiva na expressão 'divino Cláudio' (*diue Claudi*), pois a ideia de divino para Sêneca passa pela capacidade de salvar muitos, como escrito no fragmento acima do *De Clementia*. A ironia também se faz presente na referência novamente ao hábito da imprevisibilidade do *princeps* ao condenar as pessoas sem dar a elas a oportunidade de defesa, costume contrário às atitudes divinas. No parágrafo seguinte, Augusto continua seu discurso:

---

113 Cf. *Consolação a Políbio*, XIII, 2: *Quorum me quoque spectatorem futurum, quae ex uirtutibus eius primum optinet locum, promittit clementia. Nec enim sic me deiecit, ut nollet erigere, immo ne deiecit quidem, sed impulsum a fortuna et cadentem sustinuit et in praeceps euntem leniter diuinae manus usus moderatione deposuit: deprecatus est pro me senatum et uitam mihi non tantum dedit sed etiam petit.* (A sua clemência que, entre outras virtudes, ocupa o primeiro lugar, me assegura que eu mesmo serei um de seus espectadores. Na verdade, ele não me derrubou de modo a não querer me levantar, pelo contrário, ele nem mesmo me derrubou, mas impelido pela Sorte, e enquanto eu caía, ele me protegeu e, como rolava para o abismo, usando com moderação as suas mãos divinas, colocou-me suavemente no chão: intercedeu por mim no senado, e não só me concedeu a vida, mas também a pediu.) Tradução de Cleonice Furtado (*Cartas Consolatórias*, Editora Pontes, p 113).

114 Suetônio escreve em *Cláudio*, 29: *Iuliasque, alteram Drusi, alteram Germanici filiam, crimine incerto nec defensione ulla data occidit* (matou as duas Júlias, uma filha de Druso, outra de Germânico, sob acusações vagas e sem lhes conceder o direito de defesa).

115 Cf. Tácito, *Anais*, XII, 3, 4, 8.

Ecce Iuppiter, qui tot annos regnat, uni Volcano crus fregit, quem Ῥῖψε ποδὸς τεταγὼν ἀπὸ βηλοῦ θεσπεσίοιο. Et iratus fuit uxori et suspendit illam: numquid occidit? Tu Messalinam, cuius aeque auunculus maior eram quam tuus, occidisti. __ Nescio, inquis. __ Di tibi male faciant! adeo istuc turpius est, quod nescisti, quam quod occidisti.	Eis aqui Júpiter, que por numerosos anos reina e que uma vez quebrou a perna de Vulcano, Júpiter que Ῥῖψε ποδὸς τεταγὼν ἀπὸ βηλοῦ θεσπεσίοιο (agarrou-o por um pé e levantou-o mais alto que o umbral dos deuses). E também estava com raiva da sua esposa e a suspendeu sobre o vazio: acaso a matou? Tu mataste Messalina, cujo tio dos pais era eu, como tu eras tio dela. "Não tenho conhecimento", dizes. Que os deuses te façam muito mal! É muito mais torpe não ter sabido do que tê-la matado. (*Apocol.*, XI, 1).

O autor da *Apocolocintose* retoma uma das características da menipeia, a saber, a fusão do gênero considerado alto – no caso, a *Ilíada* – com a sátira a Cláudio, gênero baixo. Isso se dá com a citação de verso homérico que menciona o acontecido com Vulcano e com a alusão ao acontecido com Juno[116]. Suspender e quebrar pernas eram costumes dos romanos mais severos[117], mas não matavam, como Sêneca denuncia o ato de Cláudio no excerto analisado. Na passagem, há o argumento de Augusto para que não se faça de Cláudio um deus ao comparar a atitude de Júpiter, deus supremo, às atitudes de Cláudio, incompatíveis com a divindade. A partir de Júlio César, o *princeps* associava-se a um deus, como Augusto e Nero a Apolo. Cláudio associou-se ao próprio Júpiter, daí a ironia e a intenção de Sêneca no trecho acima analisado.

116 Cf. *Ilíada,* I, 591 para Vulcano e XV, 18-24 para Juno.

117 Cf. Plauto (*Poenulus,* 396) e o próprio Sêneca (*De ira,* III, 32).

Embora não tenha motivos para defender Messalina, Sêneca coloca na boca de Augusto o amparo a ela[118], com a intenção clara de ressaltar a crueldade, a indiferença e os esquecimentos de Cláudio. Sobre isso, Suetônio[119] escreve: *Inter cetera in eo mirati sunt homines et obliuionem et inconsiderantiam* (causava espanto, entre outras coisas, a sua faculdade de esquecer e a sua irreflexão). Sêneca encerra o excerto salientando mais uma faceta de Cláudio, além de todo o morticínio causado: a indiferença às pessoas e ao que acontecia ao seu redor.

Na sequência, Sêneca – ainda por meio de Augusto – traz à tona mais dados históricos relacionados aos assassinatos provocados por Cláudio:

C. Caesarem non desiit mortuum persequi. Occiderat ille socerum: hic et generum. Gaius Crassi filium uetuit Magnum uocari: hic nomen illi reddidit, caput tulit. Occidit in una domo Crassum, Magnum, Scriboniam, / Tristionias, Assarionem, / nobiles tamen, Crassum uero tam fatuum, ut etiam regnare posset. Hunc nunc deum facere uultis? Videte corpus eius dis iratis natum. Ad summam, tria uerba cito dicat, et seruum me ducat.

E ele não deixa de seguir os caminhos do morto Caio César. Este havia assassinado o sogro. Aquele, também o genro. Caio proibiu que o filho de Crasso fosse chamado de Magno: Cláudio restituiu-lhe o nome, no entanto tirou-lhe a cabeça. Matou, em uma só família, Crasso, Magno, Escribônia, os Tristiões, Assarião, todavia nobres e, na verdade, Crasso tão estúpido que também poderia ter reinado. Agora quereis torná-lo deus? Vedes o corpo dele, nascido de uma

118 Messalina era filha de Barbato Messala, primo de Cláudio, como dito por Suetônio, *Cláudio*, 26.

119 *Cláudio*, 39. Tácito (*Anais*, XI, 38) também relata a insensibilidade de Cláudio: (...) *ullius denique humani adfectus signa dedit, non cum laetantis accusatores aspiceret, non cum filios maerentis* [(...) conservou-se sempre insensível a todos os sentimentos naturais, quer visse os acusadores exultando de alegria, quer seus próprios filhos abismados em pranto].

> cólera divina. Em suma, diga ele sem travar três palavras e conduza-me como seu escravo. (*Apocol.*, XI, 2-3).

A maestria por parte de Sêneca na composição revela-se no início deste parágrafo com o período *C. Caesarem non desiit mortuum persequi* (e ele não deixa de seguir os caminhos do morto Caio César). Caio César é Calígula, e a frase dá sequência ao expresso no trecho anterior (é muito mais torpe não ter sabido do que tê-la matado), na referência que faz aos esquecimentos, visto que Calígula esquecia-se de que havia matado as pessoas[120]. A frase composta por Sêneca pode também se referir aos períodos seguintes, visto que há um compêndio dos assassinatos cometidos por Calígula e por Cláudio. Interessante observar que o preceptor de Nero nivela Calígula e Cláudio por baixo, e isso é feito na voz de Augusto, parente próximo dos dois detratados. Outro dado relevante é o elenco de famílias citadas, todas nobres[121]; enxerga-se aí um componente de grande valor, porque Sêneca exterioriza aos familiares vivos a crueldade de Cláudio para, assim, ganhar a adesão deles contra o *princeps* morto.

Ainda neste excerto, há nova referência ao questionamento de transformar Cláudio em deus, como analisado na *Apocolocintose* VIII, 1, logo que Cláudio adentrou a Cúria celestial. Reporta-se ao corpo do *princeps* e sua forma com a comum expressão romana *dis iratis natum* (nascido de uma cólera divina), expressão essa que aparece da mesma forma em vários outros escritores, geralmente relacionados ao gênero baixo[122]. Nada mais é do que a

---

120 Cf. Suetônio, *Calígula*, 26: *citare nihilo minus ut uiuos perseuerauit, paucos post dies uoluntaria morte perisse mentitus* (sem embargo, continuou a referir-se às vítimas como se estas estivessem vivas ainda. Poucos dias decorridos, atribuía-lhes mentirosamente uma morte voluntária).

121 Cf. Suetônio, *Calígula*, 23, 35 e *Cláudio*, 29.

122 Cf. Horácio (*Sátiras*, II, 3, 8), Fedro (*Fábulas*, IV, 21, 15) e Plauto (*Mostelaria*, 563).

estrutura da sátira menipeia em concatenar um discurso eloquente na voz do grande governante romano – Augusto – com as representações coloquiais de textos satíricos e teatrais. O parágrafo termina com caricatura da dificuldade de Cláudio em articular e pronunciar palavras (*tria uerba cito dicat*[123] – diga ele sem travar três palavras), ridicularizado pelo mesmo motivo em outras passagens da *Apocolocintose* e também por historiadores[124]. Essa última ridicularização passa por expressão comum, que termina com eventual alusão à fórmula usada para se reclamar um escravo[125].

Nos parágrafos seguintes, acontecem os momentos finais de Cláudio no céu.

Hunc deum quis colet? quis credet? Dum tales deos facitis, nemo uos deos esse credet. Summa rei, P.C., si honeste me inter uos gessi, si nulli durius respondi, uindicate iniurias meas. Ego pro sententia mea hoc censeo." Atque ita ex tabella recitauit: 5 "quandoquidem Diuus Claudius occidit socerum suum Appium Silanum, generos duos Magnum Pompeium et L. Silanum, socerum filiae suae Crassum Frugi, hominem tam similem sibi quam ouo ouum, Scriboniam socrum filiae suae, uxorem suam Messalinam et ceteros quorum numerus iniri non potuit, placet mihi in eum

Um deus? Este? Quem o honrará? Quem acreditará nele? Enquanto fazeis tais deuses, ninguém acreditará que vós sois deuses. Em suma, ó senadores, se me mantive de modo honroso entre vós, se eu nunca respondi a ninguém de forma mais dura, vingai minhas ofensas. Eu, em defesa de meu parecer, proponho isto", e desse modo leu de uma tábua: "Visto que o divino Cláudio matou seu sogro Ápio Silano, seus dois genros, Magno Pompeio e Lúcio Silano, o sogro de sua filha, Crasso Frugi, homem tão similar a ele quanto um ovo a outro, a sogra de sua filha, Escribônia, sua

123 Sobre esta expressão, o mesmo Sêneca a utiliza em *Cartas a Lucílio*, 40, 9.

124 Cf. Suetônio, *Cláudio*, 4.

125 Para a mesma expressão, cf. Plauto, *Trinummus*, 963.

seuere animaduerti nec illi rerum iudicandarum uacationem dari, eumque quamprimum exportari et caelo intra triginta dies excedere, Olympo intra diem tertium." 6 Pedibus in hanc sententiam itum est. Nec mora, Cyllenius illum collo obtorto trahit ad Inferos, Vnde negant redire quemquam.

esposa Messalina e outros cujo número não pôde ser alcançado, parece suficiente que ele seja castigado de forma rigorosa, nem lhe seja dado o perdão dos fatos a serem julgados e que na primeira ocasião ele seja deportado e que se retire do céu dentro de trinta dias e do Olimpo em três dias." Acatou-se este parecer. Sem demora, Cilênio, apertando o pescoço de Cláudio, arrasta-o para os infernos, *Vnde negant redire quemquam* (de onde negam que alguém volte).

O autor da *Apocolocintose* continua seu discurso contra Cláudio através da voz, no céu, de Augusto. Há no início desta passagem menção por meio de um questionamento à forma de culto a Cláudio, caso seja divinizado. Essa mesma relação Sêneca já fizera em *Apocolocintose* VIII, 3, com a informação de um templo em Camaloduno, na Bretanha, considerado pelos habitantes daquela região como um símbolo de escravidão[126]. Como a Cúria celestial é uma paródia da Cúria romana, Sêneca faz uma crítica direta aos senadores romanos ao questionar a credibilidade de tais senhores em *dum tales deos facitis, nemo uos deos esse credet* (enquanto fazeis tais deuses, ninguém acreditará que vós sois deuses), ou de outra maneira, ninguém acreditará na nobreza dos detentores do poder em Roma. Com a mesma praxe dos senadores romanos, Sêneca faz Augusto tomar uma tábua em que se inscreve a sentença de Cláudio, a ser lida e executada de forma imediata. Este momento pode ser considerado um dos pontos altos da *Apocolocintose*, porque é exatamente o desejo que Sêneca guardou por muitos anos e que se realizará nesta derrisão ao *princeps* morto.

126 Cf. Tácito, *Anais*, XIV, 31.

O longo e veemente discurso proferido por Augusto – que nada mais é do que o desabafo de Sêneca – na Cúria celestial contra a apoteose de Cláudio entra em sua parte final com a retomada[127] dos nomes daqueles que foram assassinados por Cláudio. As características da paródia ao discurso de Augusto também permanecem no excerto com o dito popular *hominem tam similem sibi quam ouo ouum* (homem tão similar a ele quanto um ovo a outro), em que são comparados Cláudio e Crasso Frugi[128]; além disso, Sêneca faz nova relação intratextual com o início da *Apocolocintose* (I, 1), quando citou o provérbio *aut regem aut fatuum nasci oportere* (é melhor nascer ou rei ou tolo). Além de seguir o estilo de Augusto, Sêneca utiliza-se da linguagem oficial do senado em *caelo intra triginta dies excedere, Olympo intra diem tertium* (que se retire do céu dentro de trinta dias e do Olimpo em três dias). Por metonímia pode-se corresponder *caelo* (céu) à Itália e *Olympo* (Olimpo) a Roma, visto que também há analogia entre Cúria celestial e a Cúria romana. A sentença final marca também o fim do longo discurso de Augusto, que condenou Cláudio da mesma forma que este *princeps* presidia os julgamentos em Roma, de maneira rápida e peremptória sem deixar o réu se defender.

Pode-se inferir que Sêneca, ao fazer Augusto porta-voz de sua derrisão contra Cláudio com um discurso tão incisivo, percorre alguns caminhos. O primeiro diz sobre o poder que Augusto possuía sobre o povo romano e de como esta população o venerava. A palavra de Augusto era decisiva quando governante, e essa influência permanece no texto de Sêneca. Outro dado interessante é a ligação que havia entre Apolo e Augusto, pois no governo deste as representações apolínicas eram o símbolo de uma nova ordem divina sancionada, em que a piedade e a obediência em relação aos deuses desempenham papel mais importante. Nero também se relaciona com Apolo, e seu

127 Cf. *Apocolocintose,* XI, 2.

128 Idem, ibidem.

governo é patrocinado por este deus[129]. Como Apolo é patrono de Augusto e de Nero, no veredicto de Augusto pode-se ler também a indicação de uma nova ordem e forma de governo a serem implantadas por Nero. Augusto é o modelo a ser seguido e é sempre citado em outros textos. Uma observação relevante pode ser feita em comparação com a pretexta *Otávia*, peça atribuída a Sêneca. Na *Otávia*, há uma crítica aos desmandos de Nero, às mortes provocadas pelo imperador, e Augusto é citado também, dessa vez contra Nero: *Vtinam suorum facinorum poenas luat/ Nero insitiuus Domitio genitus patre,/ orbis tyrannus, quem premit turpi iugo/ morumque uitiis nomen Augustum inquinat!* (Oxalá possa merecer o castigo de seus crimes esse Nero de adoção, filho de Domício, tirano do mundo que ele esmaga com seu jugo vergonhoso, conspurcando o nome de Augusto com a infâmia de seus costumes)[130]. Além disso, Sêneca, ao fazer uso da imagem de Augusto sentenciando Cláudio, elabora a *Apocolocintose* como uma *consecratio* (consagração) – honra de divinização atribuída a alguns imperadores – ao contrário, já que destina Cláudio ao inferno.

129 Idem, IV, 1 e Suetônio, *Nero,* 53.

130 *Octavia,* 249-251. Texto inédito de Zelia de Almeida Cardoso.

Terceira parte: Mundo inferior (XII, 1 a XV, 2)

Com Roma agora sob Nero e com os últimos acontecimentos na cidade e na sátira de Sêneca, o caminho para Cláudio não é outro que não seja o do inferno, e é isso o que sucede na *Apocolocintose*. Mercúrio é o encarregado de levar Cláudio dali, e a punição ao *princeps* começa já na maneira de ser transportado, com o estrangulamento. Uma das funções de Mercúrio é exatamente a de levar as almas dos mortos e, quando realiza essa função, é cognominado de psicopompo. O período do último parágrafo de Cláudio no céu se encerra com a retomada de poema de Catulo, já citado por Sêneca nesta derrisão a Cláudio[131]. Na primeira citação do verso de Catulo, comparou-se Hércules ao pássaro de Lésbia por causa de sua maneira de agir; agora a comparação do pássaro de Lésbia é com o próprio Cláudio. Todavia, o mais importante contido no verso catuliano é a informação de que do Hades não há retorno, exatamente o desejo de Sêneca em relação ao *princeps* morto. Com isso, Sêneca põe fim ao percurso de Cláudio no céu e consequentemente a sua tentativa de divinização. Com Cláudio dessacralizado, Sêneca parte agora para desconstruir a imagem do *princeps* em sua trajetória céu – inferno, em que passa pela terra e assiste ao próprio funeral.

131 Catulo, 3. Cf. *Apocolocintose*, IX, 6.

Dum descendunt per uiam Sacram, interrogat Mercurius quid sibi uelit ille concursus hominum, num Claudii funus esset? Et erat omnium formosissimum, et impensa cura, plane ut scires deum efferri. Tubicinum, cornicinum, omnis generis aenatorum tanta turba, tantus conuentus, ut etiam Claudius audire posset. Omnes laeti, hilares; populus romanus ambulabat tanquam liber. Agatho et pauci causidici plorabant, sed plane ex animo. Iurisconsulti e tenebris procedebant, pallidi, graciles, uix animam habentes, tanquam qui tum maxime reuiuiscerent. Ex his unus cum uidisset capita conferentes et fortunas suas deplorantes causidicos, accedit et ait: "Dicebam uobis: non semper Saturnalia erunt."

Enquanto descem pela via Sacra, Mercúrio interroga-se o que significaria ali aquele encontro de homens, acaso seria o enterro de Cláudio? Não só era o funeral todo ele o mais formoso, como também era extremo o interesse, que perfeitamente se sabia que um deus era enterrado. Tão grande multidão de todo o gênero de músicos, de tocadores de trombetas e de cornetas, tão grande aglomeração que até mesmo Cláudio podia ouvir. Todos felizes, bem-dispostos: o povo Romano andava como um povo livre. Ágato e uns poucos advogados choravam, mas inteiramente de coração. Os jurisconsultos saíam das sombras, pálidos, franzinos, tendo apenas a vontade, como exatamente alguém que então tornasse à vida. Um desses juízes, como teria visto os advogados que se reuniam e que choravam seus infortúnios, aproximou-se e disse-lhes: "Eu vos falava: não haverá para sempre as Saturnais". (*Apocol.*, XII, 1-2).

Sêneca transporta o leitor para a cerimônia fúnebre de Cláudio, ocorrida na via Sacra. Mercúrio surpreende-se com a quantidade de pessoas presentes, narrado de forma irônica por Sêneca, mesmo que a solenidade tenha competido com o funeral de Augusto, segundo relatam Tácito[132] e Suetônio[133]. Este último historiador ainda faz menção ao ato de Nero de retirar de Cláudio o título de divino, numa referência ao assunto de que trata a *Apocolocintose*. Eis o que escreve o historiador: *funeratusque est sollemni principum pompa et in numerum deorum relatus; quem honorem a Nerone destitutum abolitumque recepit mox per Vespasianum* (seus funerais se efetuaram com a pompa usada pelos imperadores e o incluíram no número dos deuses. Esta honra, de que se viu privado e despojado por Nero, foi-lhe logo restituída por Vespasiano).

Outra ironia se faz presente em relação ao estrondo provocado pelos músicos, na alusão de que até os mortos poderiam ouvir o que ali acontecia, e que agora Cláudio, morto, finalmente notava o que estava acontecendo – algo que não fazia quando vivo e no poder[134]. Horácio menciona também a presença de cantores em funerais ao criticar um romano da época: *at hic, si plostra ducenta/ concurrantque foro tria funera magna, sonabit,/ cornua quod vincatque tubas* (mas este, se concorrem no foro duzentos carros e três funerais, faria ressonar sua voz por cima dos cornos e das trombetas)[135]. Dado que desperta interesse na composição de Sêneca é o relato que faz dos costumes dos artistas e a opinião crítica que tem sobre eles, como escrito em: *Exspirauit autem dum comoedos audit, ut scias me non sine causa illos timere* (Expirou, entretanto, enquanto ouvia atores cômicos, de forma que tu saibas eu não os temer sem motivo)[136]. Ainda sobre cantores, o mesmo Sêneca faz menção a esse tema em uma de suas Cartas a Lucílio e nos informa: *De choro dico*

132 Cf. Tácito, *Anais*, XII, 69: *caelestesque honores Claudio decernuntur et funeris sollemne perinde ac diuo Augusto celebratur* (decretam-se a Cláudio as honras celestes, e o funeral se faz com a mesma pompa com que já se havia feito o de Augusto).

133 Cf. Suetônio, *Cláudio*, 45 e *Nero*, 9.

134 Cf. Suetônio, *Cláudio*, 8.

135 Horácio, *Sermones*, I, 6, 42-44.

136 *Apocolocintose*, IV, 2.

quem ueteres philosophi nouerant: in commissionibus nostris plus cantorum est quam in theatris olim spectatorum fuit (digo a respeito do coro a quem os antigos filósofos conheceram: nas nossas representações teatrais existem mais cantores do que nos teatros outrora houve espectadores)[137].

O funeral de Cláudio apresenta grande número de pessoas, entretanto Sêneca não faz um panegírico do *princeps*; ao contrário, mostra o alívio dos romanos por se verem livre de um governante ruim. Prossegue Sêneca com o choro dos advogados, dado que se relaciona ao mencionado por Tácito[138]. Cláudio dava condições favoráveis a alguns advogados e oprimia juízes, ele mesmo sendo juiz em várias ocasiões e desprestigiando o trabalho dos magistrados. É nítida a crítica de Sêneca a essa forma de tratamento em relação aos advogados, e mais visível a referência às mudanças que Nero, o novo *princeps*, irá realizar na conjuntura das leis romanas. De fato, Nero realizou algumas mudanças relativas aos advogados nos primeiros anos de seu governo, como atestam Suetônio (*Nero*, 17) e Tácito (*Anais*, XIII, 5). O final do fragmento é indiscutível sob esse ponto de vista, quando Sêneca, por meio de um juiz, expressa *dicebam uobis: non semper Saturnalia erunt* (eu vos falava: não haverá para sempre as Saturnais) em uma nova relação com a própria *Apocolocintose* (VIII, 2), em que Cláudio fora nomeado *Saturnalicius princeps* (príncipe das Saturnais). A crítica de Sêneca incide sobre a analogia do governo de Cláudio com as Saturnais[139], festas em que a ordem social era quebrada de 17 a 23 de dezembro. Entretanto, Sêneca condena Cláudio pela ininterrupta Saturnal que o *princeps* proporcionava.

137 *Cartas a Lucílio*, 84, 10.

138 *Anais*, XI, 5: *nec quicquam publicae mercis tam uenale fuit quam aduocatorum perfidia* (com efeito, nunca houve coisa alguma tão venal como a perfídia dos advogados daquele tempo).

139 A palavra saturnal, além de significar a dita festa, também ficou como sinônimo de desregramento. Petrônio (*Satyricon*, XLIV, 3) é outro autor que cita a expressão.

Outro ponto forte na construção da sátira menipeia está na sequência, em que se estrutura uma nênia, que são versos anapésticos que forma um canto fúnebre, versos de três sílabas, as duas primeiras breves e a última longa. Cícero[140] relata que nênia era um canto de luto, em que não só se lamentava, como também se convidava a chorar a morte de um homem ilustre. Além disso, cantavam-se seus feitos. Assim relata Cícero: *Honoratorum uirorum laudes in contione memorentur, easque etiam <et> cantus ad tibicinem prosequatur, cui nomen neniae, quo uocabulo etiam <apud> Graecos cantus lugubres nominantur* (as glórias dos homens honrados eram lembradas na assembleia, e junto do flautista as acompanhava um canto, cujo nome era nênia, e pelo mesmo vocábulo também junto aos gregos os cantos lúgubres foram nomeados). Suetônio (*Augusto*, 100) informa que no funeral de Augusto nênias foram cantadas, entretanto não há a informação em Suetônio e em Tácito sobre o mesmo fato ter ocorrido no funeral de Cláudio. À parte isso, como convém à sátira menipeia – em que gêneros e estilos se misturam –, Sêneca conhecia este gênero, faz paródia deste canto fúnebre e presta, assim, sua homenagem irônica a Cláudio. Mais uma vez, a maestria estilística de Sêneca em ajustar o gênero à intenção de derrisão ao *princeps* morto.

Para efeitos didáticos, propomos dividir a nênia composta por Sêneca em três partes, cada uma com um determinado foco e assunto. Consideramos a seguinte estrutura nesta nênia: de *Fundite fletus!* (Derramai choros!) a *Tremere Oceanum* (tremer o próprio Oceano), depois de *Deflete uirum* (Lastimai o homem) a *Cretaea oppida centum* (cem cidadelas em Creta) e a seguir de *Caedite maestis/ Pectora palmis* (Golpeai os peitos/ com palmas tristes) ao final deste canto fúnebre. E como Sêneca não deixaria por menos, em toda a nênia há a caracterização derrisória de Cláudio.

140 *De Legibus*, II, 62.

A primeira parte, conforme nossa divisão, é também a mais extensa, com 34 versos. Apresenta uma pequena introdução em que se faz conhecer quem é o homenageado, e logo após os feitos fora de Roma são indicados ao leitor. Logo no início da nênia há a convocação ao pranto pela morte de Cláudio, entretanto do quinto ao nono versos [*Cecidit pulchre/ Cordatus homo/ Quo non alius/ Fuit in toto/ Fortior orbe* (Morreu de forma bela/ Um sensato homem,/ Nenhum outro/ Foi em todo o orbe/ Mais valoroso)] os escárnios principiam, com as alusões ao comportamento do *princeps*. Cordato e vigoroso marcam de forma mais incisiva a ironia desses versos. A palavra cordato, derivada de coração, rememora outra passagem desta mesma *Apocolocintose* (VIII, 1), em que Sêneca escreveu sobre Cláudio o seguinte: Há algum traço de deus estoico nele, vejo agora: não tem coração nem cérebro. Sêneca deixa claro que Cláudio é reconhecido no céu e na terra pela insensatez, e que, portanto, seu destino é o inferno. A palavra valoroso é outra carregada de insinuações a respeito de Cláudio. A capacidade de decisão e o próprio vigor não foram escarnecidos somente por Sêneca nesta sátira menipeia, mas também os historiadores[141] comentam em seus textos essa característica do *princeps* morto.

Ainda nesta primeira parte, os versos *Ille citato/ Vincere cursu/ Poterat celeres,/ Ille rebelles/ Fundere Parthos/ Leuibusque sequi/ Persida telis* (Ele, com veloz/ Passo, podia/ Vencer os velozes,/ Ele os rebeldes/ Partos podia/ Derrotar e com rápidos/ Dardos perseguir/ Os Persas) continuam com veemência a desconstrução de Cláudio. Recorde-se a passagem da *Eneida*[142] e a comparação feita nesta *Apocolocintose* (I, 2) com o problema físico de Cláudio. Dessa forma, as palavras *velozes* e *rápidos* estabelecem a ironia em relação ao morto. Outra ironia se faz em relação aos Partos, inimigos

141 Cf. Suetônio, *Cláudio*, 35.

142 *Eneida*, II, 724: *Non passibus aequis* (com passos desiguais). No livro de Virgílio, o pequeno Iulo se agarra à mão de Eneias e o segue "com passos desiguais".

tradicionais dos romanos; todavia, Cláudio esquivou-se de enfrentá-los. Para o leitor contemporâneo de Sêneca, a nênia – canto triste por ser fúnebre – transforma-se em um texto extremamente humorístico com as referências aos desatinos de Cláudio.

Os aspectos satíricos prosseguem com os versos *Certaque manu/ Tendere neruum/ Qui praecipites/ Vulnere paruo/ Figeret hostes/ Pictaque Medi/ Terga fugacis* (e com/ Mão firme retesar/ A corda do arco/ Que traspassaria/ Com ligeira flecha/ Os ousados inimigos/ E as costas pintadas/ Dos fugitivos Medos). Há nova referência ao vigor do *princeps* com 'mão firme', da mesma forma já aludido nesta mesma nênia e na expressão *illo gestu solutae manus* (com aquele gesto de mão frouxa), quando determinou que Febre deixasse de acompanhá-lo no céu[143]. Interessante observar que Sêneca procura retratar as situações de forma o mais verossímil possível, como no caso dos Medos, povo cuja tática de guerra consistia em simular a retirada do local para depois cair de surpresa sobre os inimigos. Com essa verossimilhança, Sêneca credibiliza também as informações a respeito de Cláudio e, além de ser a intenção do autor, isso é uma das características da sátira menipeia: apresentar o homem na sua essência e na sua totalidade[144].

Na sequência final desta longa primeira parte, a nênia de Cláudio apresenta os versos *Ille Britannos/ Vltra noti/ Litora ponti/ Et caeruleos/ Scuta Brigantas/ Dare romuleis/ Colla catenis/ Iussit et ipsum/ Noua romanae/ Iura securis/ Tremere Oceanum* (Ele, aos Britanos/ Além do litoral/ Do conhecido mar,/ E aos escudos/ Dos Brigantes azuis,/ Impôs curvarem a cabeça/ Às prisões de Roma,/ E às novas leis/ Do poderio Romano/ Fazer tremer/ O próprio Oceano). Outra vez a inserção de fatos históricos, com o desejo de

143 *Apocolocintose,* VI, 2.

144 BAKHTIN, Mikhail. Op. cit. p. 115.

veracidade na referência à expedição realizada por Cláudio contra os britanos no ano de 43 d.C. O próprio Sêneca alude aos feitos de Cláudio na *Consolação a Políbio*, porém na ocasião de forma elogiosa, pois estava exilado e precisava conquistar o liberto de Cláudio, para assim granjear o perdão desse *princeps*. Comparando o trecho *tunc Caesaris tui opera, ut per omnia saecula domestico narrentur praeconio, quantum potes, compone: nam ipse tibi optime formandi condendique res gestas et materiam dabit et exemplum* (reúna, pois, o mais depressa possível, um relato dos feitos de teu César, para que, com um elogio familiar, sejam narrados por todos os séculos: o próprio César te fornecerá matéria e exemplo para ordenar e escrever, perfeitamente, uma obra histórica)[145] com esta nênia inserida na *Apocolocintose*, percebe-se, claramente, as intenções de Sêneca nas duas ocasiões, a do próprio exílio e a da morte de Cláudio. Sobre outras relações intertextuais, este trecho da nênia composta por Sêneca se coaduna com exatidão ao que escreveu Suetônio em *Cláudio*, 17. Ambos retratam a única expedição de Cláudio e o triunfo em relação ao mar (*tremere Oceanum*). Tácito também relata a façanha de Cláudio em *Agricola*, 13, 3. Até mesmo a respeito da coloração[146] dos britanos, para efeitos de verossimilhança, Sêneca detalha para o leitor, tamanha a preocupação no esmero na composição de um texto que esmiúça os feitos do *princeps* morto.

A segunda parte proposta do canto fúnebre diz respeito aos empreendimentos internos de Cláudio, e a relação de crítica estabelecida por Sêneca novamente se volta para o costume do *princeps* em envolver-se nas discussões judiciais. Com os versos *Deflete uirum,/ Quo non alius/ Potuit citius/ Discere causas,/ Vna tantum/ Parte audita,/ Saepe et neutra* (Lastimai este homem,/ Pois nenhum outro/ Pôde com mais rapidez/ Conhecer os processos,/ Apenas

145 *Consolação a Políbio*, VIII, 2. Tradução das Cartas Consolatórias (Editora Pontes) por Cleonice Furtado Mendonça.

146 Cf. César, *De Bello Gallico*, V, 14: *Omnes uero se Britanni uitro inficiunt, quod caeruleum efficit colore* (verdadeiramente, todos os Britanos tingem-se com a planta pastel, que produz a cor azul).

uma parte/ Sendo ouvida ou,/ Às vezes, nenhuma) a crítica se faz de forma mais aguda na menção do hábito de Cláudio de julgar sem ouvir os litigantes, fato este relatado da mesma forma por Suetônio em *Cláudio*, 15, em que a imprevisibilidade e a irresponsabilidade do governante de Roma são ressaltadas. Além disso, nessa nênia se estabelece analogia entre o *princeps* morto e Minos, que já é uma referência ao mundo dos mortos, visto que Minos é um dos juízes do inferno juntamente com Éaco e Radamante. Pressupõe-se na relação Cláudio/ Minos a ironia senequiana de que só no inferno alguém poderia ceder para Cláudio o comando de alguma coisa.

Por fim a terceira parte da nênia, em que de modo mais penetrante Sêneca desfia suas críticas aos advogados, poetas novos e praticantes de jogos de azar. *Venale genus!* (raça venal!) é a forma com que Sêneca se dirige aos advogados. Rememore-se nesta mesma *Apocolocintose*[147] a referência àqueles que choravam a morte de Cláudio com sinceridade, e assim a crítica de Sêneca adquire sentido, já que Cláudio dava condições favoráveis a alguns advogados[148] e exercia opressão sobre juízes, ele mesmo sendo juiz em várias ocasiões e desprestigiando o trabalho dos magistrados. Crítica feroz aos homens da lei também quem faz é Petrônio no *Satyricon*[149]: *Quid faciunt leges, ubi sola pecunia regnat,/ aut ubi paupertas vincere nulla potest?/ (...)/ Ergo iudicium nihil est nisi publica merces,/ atque eques in causa qui sedet empta probat* [Que fazem as leis,/ onde somente o dinheiro reina,/ ou a pobreza não pode vencer nada?/ (...) / Portanto um processo nada é a não ser comércio público,/ e o cavaleiro que numa causa se fixa reconhece os subornos]. Logo, a condenação a Cláudio passa também pela reprovação dos atos daqueles que se aproveitavam do governo do imperador, e Sêneca censura as iniquidades provocadas por

147 XII, 2.

148 Tácito (*Anais*, XI, 5) escreve: *nec quicquam publicae mercis tam uenale fuit quam aduocatorum perfidia* (com efeito, nunca houve coisa alguma tão venal como a perfídia dos advogados daquele tempo).

149 XIV, 2.

essas pessoas. Além disso, sinaliza para a nova época que se inaugura com Nero, época que se pretende ser de justiça e de clemência.

Depois dos advogados, os poetas são o alvo de exame crítico por parte do autor da *Apocolocintose*. Sêneca dedicou um capítulo de sua sátira a Cláudio para a crítica à poesia frívola de sua época, e retoma esse mesmo escárnio aos poetas, até como forma de manter na memória do leitor o rol de críticas feitas na *Apocolocintose*. Além de trazer, portanto, à memória do leitor as críticas, Sêneca finaliza a nênia inserindo uma informação nova, que até então não havia sido citada: a relação de Cláudio com os jogos de azar ao citar que aqueles que alcançam lucro com os jogos devem chorar pelo *princeps*. Essa crítica ao jogo será a tônica ao final da *Apocolocintose*, e infere-se que a citação sobre esse assunto nesta parte da sátira tem como função ser uma espécie de preparação para o grande final do texto de Sêneca, em que Cláudio será condenado a ficar jogando eternamente no inferno.

No próximo capítulo da *Apocolocintose*, narra-se:

Delectabatur laudibus suis Claudius et cupiebat diutius spectare. Inicit illi manum Talthybius deorum et trahit capite obuoluto, ne quis eum possit agnoscere, per Campum Martium, et inter Tiberim et uiam Tectam descendit ad Inferos. Antecesserat iam compendiaria Narcissus libertus ad patronum excipiendum, et uenienti nitidus, ut erat a balineo, occurrit et ait: "Quid di ad homines?" "__Celerius!" inquit Mercurius, "et uenire nos nuntia." Dicto citius Narcissus euolat.	Cláudio se encantava com suas glórias e desejava avidamente assistir por mais tempo ao seu funeral. Taltíbio, o mensageiro dos deuses, lança a mão sobre ele e arrasta-o com a cabeça encoberta, para que ninguém possa reconhecê-lo, através do campo de Marte, e entre o Tibre e a via Tecta desce para os infernos. Havia já se adiantado por um caminho mais curto para receber o patrono o liberto Narciso, resplandecente como quem estava num banho, e

> aproxima-se daquele que chega e diz: "Quê? Deuses junto aos homens?" "Rápido. Anuncia que nós chegamos", diz Mercúrio. Mais depressa do que se diz, Narciso sai voando. (*Apocol.*, XIII, 1-2)

Uma das marcas da sátira menipeia é a estrutura em planos, como a Terra, o céu e depois o mundo inferior. Sêneca conhece essa categoria da menipeia, e como a intenção é desconstruir a imagem de divino de Cláudio, faz com que o governante morto de Roma percorra esse itinerário e que desemboque no Hades, onde Sêneca finalizará a derrisão contra o *princeps*. No excerto em questão, Sêneca faz uso de uma antonomásia para designar Mercúrio na expressão *Talthybius deorum* (o mensageiro dos deuses). Taltíbio na verdade fora o arauto de Agamêmnom na guerra de Tróia e não serviu aos deuses, porém seu nome é sinônimo também para a função de mensageiro. Em oposição ao início desta sátira, em que Sêneca informou ser a via Ápia o caminho para a ascensão aos céus, agora há o conhecimento da direção para o mundo inferior através do campo de Marte. O relevante na passagem é o cuidado de Sêneca com detalhes, no trato minucioso que esse autor dá à sátira, para conseguir assim o máximo efeito pretendido para seu texto. Outro dado importante neste excerto é a inserção do poderoso liberto Narciso, secretário particular de Cláudio. Sêneca escreve que Narciso havia se adiantado por um caminho mais curto, e isso pode ser lido como uma ironia em relação a Agripina e um eufemismo para a morte de Narciso. O liberto poderia atrapalhar a ascensão de Nero ao poder devido à fidelidade à memória de Cláudio e ao legítimo descendente deste, Britânico. Dessa forma, Agripina força Narciso a se matar quando ele se tratava de gota no balneário de Sinuessa, na Campânia[150]. Essa fidelidade de Narciso é retratada por Sêneca na expressão de susto do liberto

150 Cf. Tácito, *Anais*, XII, 66.

ao avistar Cláudio: *"Quid di ad homines?* (Quê? Deuses junto aos homens?). Por outro lado, de forma retórica, a fala de Narciso pode ser entendida como uma zombaria de Sêneca contra aquele que esteve para ser deificado e agora se encontra às portas do inferno.

Os dois parágrafos seguintes trazem:

Omnia procliuia sunt, facile descenditur. Itaque, quamuis podagricus esset, momento temporis peruenit ad ianuam Ditis, ubi iacebat Cerberus uel ut ait Horatius, "belua centiceps". Pusillum perturbatur (subalbam canem in deliciis habere adsueuerat) ut illum uidit canem nigrum, uillosum, sane non quem uelis tibi in tenebris occurrere. Et magna uoce: "Claudius" inquit "ueniet!" Cum plausu procedunt cantantes: "Εὑρήκαμεν, συγχαίρωμεν." Hic erat C. Silius consul designatus, Iuncus praetorius, Sex. Traulus, M. Heluius, Trogus, Cotta, Vettius Valens, Fabius, equites romani quos Narcissus duci iusserat. Medius erat in hac cantantium turba Mnester pantomimus, quem Claudius decoris causa minorem fecerat.

Todos os caminhos são morro abaixo e se desce facilmente. Assim, ainda que estivesse com gota, em um rápido espaço de tempo Narciso chega à porta de Plutão, onde repousava Cérbero, ou como disse Horácio: "Animal de cem cabeças." Narciso perturbava-se um pouco (acostumara-se com as delícias de ter um cachorro branco) porque viu aquele cão negro, cabeludo, que seguramente tu não desejarias encontrar nas sombras. E em alto som diz: "Cláudio chegará!" Com aplausos aparecem alguns que cantam: "nós o encontramos, alegremo-nos (Εὑρήκαμεν, συγχαίρωμεν)! Estavam ali Caio Sílio, cônsul designado, o pretor Junco, Sexto Traulo, Marco Hélvio, Trogo, Cota, Vétio Valente, Fábio, cavaleiros romanos que Narciso havia ordenado levar ao suplício. Estava no meio daquela multidão dos que cantavam o ator

> Mnester, a quem Cláudio fizera mais baixo por uma questão de estética. (*Apocol.*, XIII, 3-4).

Inicia-se o trecho não com uma citação, mas sim com uma paráfrase de passagem da *Eneida*[151] em que a Sibila se dirige a Eneias a respeito de como proceder para descer para o inferno. Sêneca introduz a referência a *Eneida* com a finalidade de ela se contrapor à impossibilidade que Cláudio sentiu em adentrar no céu. É como se afirmasse que Cláudio enfim encontrara seu lugar, onde não existem obstáculos à sua dificuldade de locomoção, pois é morro abaixo. A ficção se mescla à realidade logo que Sêneca detalha para o leitor as condições de Narciso no momento da morte: *quamuis podagricus esset* (ainda que estivesse com gota). Como já visto nesta análise da *Apocolocintose*, Narciso estava tratando desse mal no balneário de Sinuessa quando foi forçado a se matar.

E como afirma Bakhtin na sua teoria acerca da sátira menipeia, o caráter fantástico adquire feições de aventura, com a função puramente de provocar e experimentar a verdade[152]. Isso transparece em toda a *Apocolocintose* com a presença de aspectos mitológicos, e no mundo inferior não poderia ser diferente, por exemplo, com a referência inicial a Cérbero, cão de três cabeças vigilante da entrada do Hades. Sêneca faz menção a Cérbero por meio de um verso de Horácio, autor que exagera na representação do animal de Plutão ao descrevê-lo com cem cabeças. Esse exagero pode ser lido como uma ênfase para aquilo que estará à espera de Cláudio, na mesma linha de raciocínio do que foi dito por Hércules no céu: *Venisti huc ubi mures ferrum rodunt* (Vieste para aqui, onde os ratos roem o ferro)[153]. O destaque às dificuldades e aos

151 VI, 126.

152 BAKHTIN, Mikhail. Op. cit. p. 114.

153 *Apocolocintose*, VII, 1.

aspectos assustadores é evidenciado com a oposição da vida terrena expressa em *subalbam canem in deliciis habere adsueuerat* (acostumara-se com as delícias de ter um cachorro branco) com o grande e assustador cão negro Cérbero, encontrado no escuro.

Depois do anúncio de que Cláudio estava finalmente chegando ao Hades, Sêneca insere diversas personalidades, e as primeiras são os cantores. Na morte de Cláudio, atores cômicos estavam presentes[154], e agora quem recebe o *princeps* são cantores, na crítica patente a essa classe artística. Há no excerto expressão em grego que se refere às palavras proferidas nos cultos de Ísis, deusa egípcia cuja cerimônia se disseminou no mundo greco-romano no começo de nossa era. Portanto, Sêneca utiliza mais uma vez costumes contemporâneos à sociedade dele como elemento formador da sátira contra Cláudio. Das personalidades presentes no inferno trazidas à baila por Sêneca, Caio Sílio e o ator Mnester são especialmente destacados pelas ligações íntimas que mantiveram com Messalina, esposa de Cláudio anterior a Agripina. Caio Sílio chegou a casar-se publicamente com Messalina – ela casada com Cláudio – e os dois foram mortos logo após. O ator Mnester estava no rol de amantes da esposa do *princeps* e, nos *Anais*, Tácito[155] escreveu sobre esse artista: *Dum histrio cubiculum principis insultauerit* (enquanto um histrião insultava o leito conjugal do príncipe).

Não só as pessoas próximas a Messalina são descritas por Sêneca, mas a própria também é trazida à cena no parágrafo seguinte:

Ad Messalinam (cito rumor percrebuit Claudium uenisse) conuolant primi omnium liberti Polybius, Myron,	Para junto de Messalina (logo a notícia de que Cláudio chegara espalhou-se) correm, antes de qualquer

154 Idem, IV, 2.

155 *Anais*, XI, 28.

Harpocras, Amphaeus, Pheronactus, quos Claudius omnes, necubi imparatus esset, praemiserat, deinde praefecti duo Iustus Catonius et Rufrius Pollio, deinde amici Saturninus Lusius et Pedo Pompeius et Lupus et Celer Asinius consulares, nouissime fratris filia, sororis filia, generi, soceri, socrus, omnes plane consanguinei, et agmine facto Claudio occurrunt. Quos cum uidisset, Claudius, exclamat: "Πάντα φίλων πλήρη!" Quomodo huc uenistis uos?" Tum Pedo Pompeius: "Quid dicis, homo crudelissime? Quaeris quomodo? Quis enim nos alius huc misit quam tu, omnium amicorum interfector? In ius eamus: ego tibi hic sellas ostendam."

um, os libertos Políbio, Míron, Harpocras, Anfeo, Feronacto, os quais todos, para que em nenhum lugar fosse apanhado de surpresa, Cláudio enviara antes. Logo depois dois prefeitos, Justo Catônio e Rufrio Polião. Em seguida os amigos Saturnino Lúsio e Pedo Pompeio e Lupo e Celer Asínio, ex-cônsules. E por último a filha do irmão, a filha da irmã, genros, sogros, sogras, todos sem dúvida alguma consaguíneos. E, fazendo fila, avançam contra Cláudio. Ao vê-los, Cláudio exclama: "Πάντα φίλων πλήρη! (todo cheio de amigos!) Como vós viestes para cá?" Então Pedo Pompeio fala: "O que dizes, homem crudelíssimo? Perguntas como? Quem, com efeito, nos enviou para aqui senão tu, assassino de todos os amigos? Vamos à justiça. Eu, aqui, te mostrarei as cadeiras dos magistrados." (*Apocol.*, XIII, 5-6).

Esta parte da *Apocolocintose* apresenta simetria com a chegada de Cláudio ao céu. Lá, o governante morto de Roma também provocou balbúrdia, ao fazer Hércules pensar no décimo terceiro trabalho. Aqui, no entanto, a desordem provocada pelo *princeps* parte das pessoas que tinham proximidade com Cláudio e que, de uma forma ou de outra, foram por ele assassinadas. O Políbio aqui citado é o mesmo a quem Sêneca, alguns anos antes, dirige-se em uma carta consolatória, a mesma carta em que conforta Políbio por este ter perdido um irmão. Entretanto, como já apontado, o que se lê na carta é a tentativa que Sêneca faz de bajular Cláudio com a intenção de fazer com que o *princeps* lhe perdoasse. Como não conseguiu o perdão e presenciou depois do exílio ações de Cláudio imcompatíveis com a romanidade, Sêneca escreve esta sátira menipeia contra o *princeps*.

Sobre as outras pessoas relacionadas, Justo Catônio é um que foi morto por Cláudio, este induzido por Messalina. Messalina também é implicada na morte de Saturnino Lúsio e de Cornélio Lupo. A filha do irmão e a filha da irmã citadas são as duas Júlias, que Augusto menciona em seu discurso. Pedo Pompeio terá papel importante na finalização desta sátira, visto que ele é quem leva Cláudio a julgamento, mesmo não havendo mais referências sobre ele. Isso, ser desconhecido, pode ter sido de fato a intenção de Sêneca, já que os outros fizeram parte da vivência de Cláudio e, certamente, apresentavam atos que iam de encontro ao pensamento de Sêneca. Nas ironias a Cláudio no excerto, nosso autor coloca na boca do morto paródia de uma citação da obra *De anima* de Aristóteles, transformando a expressão *tudo está pleno de divindades*[156] em *πάντα φίλων πλήρη*! (todo cheio de amigos!). Como Cláudio não terá mais direito nesta sátira à fala, sua última frase resume – na visão de Sêneca – as suas características: esquecimento, não ter ciência de nada, completamente desligado daquilo que acontece ao seu redor. Sêneca, assim, coloca na boca de Cláudio seus últimos dizeres: *Quomodo huc uenistis uos?* (Como vós viestes para cá?).

O penúltimo capítulo da *Apocolocintose* assim começa:

Ducit illum ad tribunal Aeaci. Is lege Cornelia quae de sicariis lata est, quaerebat. Postulat nomen eius recipiat,	Conduziu-o ao tribunal de Éaco. Este instruía um inquérito com base na lei Cornélia, que foi decretada a respeito

156 *De anima*, 411a7. Cf. a edição da Editora Martins Fontes, p. 68.

edit subscriptionem: "Occisos senatores XXXV, equites romanos CCXXI, ceteros ὅσα ψάμαθός τε κόνις τε." Aduocatum non inuenit. Tandem procedit P. Petronius, uetus conuictor eius, homo claudiana lingua disertus, et postulat aduocationem. Non datur. Accusat Pedo Pompeius magnis clamoribus. Incipit patronus uelle respondere. Aeacus, homo iustissimus, uetat et illum, altera tantum parte audita, condemnat et ait: Αἴκε πάθοι τά τ' ἔρεξε, δίκη κ'ἰθεῖα γένοιτο.

de assassinos. Pedo solicita que acolha o nome de Cláudio e apresenta a acusação: 35 senadores assassinados, 221 cavaleiros Romanos e outros ὅσα ψάμαθός τε κόνις τε (tantos como a areia ou o pó). Cláudio não encontra advogado de defesa. Finalmente se apresenta Públio Petrônio, velho comensal de Cláudio, homem hábil em falar na língua claudiana, e requere o ofício de advogar. Não é concedido. Pedo Pompeio acusa-o com grande indignação. O defensor de Cláudio começa a querer responder. Éaco, homem o mais justo, veta e, ouvida somente uma parte, condena Cláudio e diz: Αἴκε πάθοι τά τ' ἔρεξε, δίκη κ'ἰθεῖα γένοιτο (se sofres tuas próprias ações, far-se-á uma reta justiça). (*Apocol.*, XIV, 1-2).

Nestes capítulos finais, Sêneca adota estilo em que elabora sua escrita por meio de períodos curtos. Sugere assim para o leitor, com esta estrutura em flashes, uma velocidade nos acontecimentos no tribunal do inferno e uma rápida decisão no julgamento de Cláudio. Novamente se pode contrapor o céu ao mundo inferior, pois enquanto naquele há discursos demorados, neste tudo acontece de forma objetiva. Figura mitológica, Éaco é o juiz infernal que tradicionalmente aparece na literatura greco-romana, como em Propércio e em Juvenal[157]. Éaco[158] também é conhecido por sua justiça e piedade e, devido a essa correção, tornou-se juiz no tribunal de Hades. Sêneca busca no direito romano da época de Sula uma lei romana para ter base jurídica para a condenação de Cláudio. Essa lei estabelecia pena de morte a quem praticasse envenenamento que resultasse em perda da vida, assim como a quem desse, preparasse, vendesse ou fabricasse o veneno. A lei também prescrevia a punição para aquele que desse sentenças injustas, e é isso também o que Sêneca evidencia na *Apocolocintose*: as injustiças de Cláudio.

A acusação entregue pela personagem Pedo contém as informações sobre o número de mortes provocadas por Cláudio. A mesma informação a respeito dos senadores mortos (35) está também em Suetônio (*Cláudio*, 29). O mesmo Suetônio relata serem mais de trezentos os cavaleiros assassinados pelo *princeps*, diferenciando de Sêneca neste aspecto. Tácito também faz menção a isso, mas escreve que foram muitas as mortes, sem quantificá-las. O relevante na escrita de Sêneca é a exposição de pormenores da corte claudiana para assim realçar a intenção de escárnio em relação a Cláudio. E essa ênfase recai no verso hiperbólico que Sêneca extrai da *Ilíada,* em que Aquiles informa que Agamêmnon não o convenceria a lutar, nem se desse a ele tantos presentes que equivaleriam ao número de grãos de areia. Portanto, Sêneca fornece ao leitor a imagem máxima dos desmandos e das crueldades de Cláudio.

Ainda assim, Sêneca continua sua cruzada de derrisão contra o *princeps* ao nos apresentar seu sumário julgamento. Introduz a figura de Públio Petrônio para a tentativa, e não mais que isso, de defender o *princeps* morto. Sêneca faz com que não seja dada a voz para Cláudio nem para seu defensor para que a

157 *Elegias,* IV, 11, 19 e Sátiras, I, 9.

158 Cf. também *Diálogos dos mortos,* XI, de Luciano. Na obra, a personagem Diógenes diz a respeito de Éaco: "E como foi que Éaco, que é minucioso, não reconheceu que tu não eras ele, e acolheu um suposto Heraclés aqui presente?" Traduçao de Henrique G. Murachco. Edusp, p. 99.

condenação final apresente o mesmo aspecto das condenações que Cláudio fazia em vida, ou seja, uma só parte ouvida. Rememore-se o discurso de Augusto (Dize-me, divino Cláudio, por que motivo algum destes, os quais e as quais mataste antes de tomar conhecimento das razões, antes de ouvi-los, por que razão os condenaste? – *Apocol.*, X, 4) em que se desvela esse costume de Cláudio. Rememore-se também nesta *Apocolocintose* a nênia (XII, 3): Pois nenhum outro/ Pôde com mais rapidez/ Conhecer os processos,/ Apenas uma parte/ Sendo ouvida ou,/ Às vezes, nenhuma. Além da crítica feita por Sêneca, Suetônio é um dos historiadores que escreveu sobre essas ações iníquas do *princeps* em *Cláudio*, 15: *Absentibus secundum praesentes facillime dabat, nullo dilectu culpane quis an aliqua necessitate cessasset* (pronunciava-se facilmente a favor dos presentes contra os ausentes, sem verificar se esta ausência era voluntária ou imperativa). Por fim, para Cláudio é aplicada a lei de Talião, em que os delitos provocados são vingados, infligindo ao criminoso o mesmo dano ou mal que ele praticara. Ser categoricamente condenado sem ser ouvido associa-se ao modo de agir de Cláudio ao não dar atenção às partes demandadas e, também, pode ser associado à crítica que Sêneca faz à incapacidade de Cláudio de verbalizar coerentemente seus pensamentos. Essa crítica aparece em toda a *Apocolocintose*, mas seja lembrada a fala Sêneca no discurso de Augusto, que diz: diga ele sem travar três palavras e conduza-me como seu escravo (*Apocol.*, XI, 3).

Sêneca prossegue, assim, a sua sátira:

Ingens silentium factum est. Stupebant omnes, nouitate rei attoniti; negabant hoc unquam factum. Claudio magis iniquum uidebatur quam nouum. De genere poenae, diu disputatum est quid illum pati oporteret. Erant qui dicerent Sisyphum iam diu laturam	Profundo silêncio se faz. Todos estavam estupefatos, atônitos com a novidade dessa situação, e diziam que isso nunca tinha sido pronunciado. Para Cláudio isso parecia mais injusto do que inesperado. Em relação ao tipo de pena, por muito se debateu

fecisse, Tantalum siti periturum nisi illi succurreretur, aliquando Ixionis miseri rotam sufflaminanda: non placuit ulli ex ueteribus missionem dari, ne uel Claudius unquam simile speraret. Placuit nouam poenam constitui debere, excogitandum illi laborem irritum et alicuius cupiditatis speciem sine fine et effectu. Tum Aeacus iubet illum alea ludere pertuso fritillo. Et iam coeperat fugientes semper tesseras quaerere et nihil proficere.

a que fosse conveniente ele sofrer. Havia aqueles que diziam ter Sísifo feito o transporte por muito tempo, que Tântalo morreria daquela sede caso não fosse socorrido, que enfim seria preciso frear a roda do infeliz Ixíão. Não foi do agrado o perdão ser concedido a nenhum dos antigos condenados, para que nem mesmo Cláudio algum dia tivesse esperança similar. Decidiu-se que uma nova pena devesse ser estabelecida, devendo ser encontrado para ele um trabalho inútil, uma aparência de algum prazer sem fim e sem consequência. Então Éaco ordena-o a divertir-se com o jogo de dados com um copo furado. E nesse instante Cláudio havia começado a buscar incessantemente os dados fugitivos e de nada adiantar. (*Apocol.*, XIV, 3-5).

Cláudio, por meio da sátira de Sêneca, é o primeiro a ser sumariamente condenado daquela forma, tamanho é o sentimento de aversão que o autor desta menipeia sentia por aquele que governou Roma. E Sêneca faz com que Cláudio perceba que aquilo que ali acontecia era injustiça, com a nítida intenção de fazer o *princeps* amargar o que praticava em vida. É o sentimento que Sêneca sentira, certamente, quando fora exilado pelo mesmo Cláudio alguns anos antes, e que agora é revertido nesta desconstrução da imagem de divino do *princeps*. Na estruturação desta menipeia, seu autor recorre a outra imagem comum na literatura greco-romana, que é a inserção das figuras mitológicas condenadas a pagar seus pecados por toda a eternidade. Na *Octauia*, pretexta atribuída a Sêneca, há o seguinte trecho na voz de Agripina: *ultrix Erinys impio dignum parat/ letum tyranno, uerbera et turpem fugam/ poenasque quis et Tantali uincat sitim,/ dirum laborem Sisyphi, Tityi alitem/ Ixionisque membra rapientem rotam* (A Erínia vingadora prepara o fim que será digno do ímpio tirano; prepara açoites, uma fuga vergonhosa e punições com que possa superar a sede de Tântalo, o duro trabalho de Sísifo, a ave de Tício e a roda que arrasta os membros de Ixião)[159]. O mesmo Sêneca aproveita essa imagem na tragédia Medeia[160]. Propércio (*Elegias*, IV, 11) é outro autor, que pode ser citado, que se utiliza da mesma imagem.

No caso da *Apocolocintose*, Sêneca, ironicamente, primeiro propõe a substituição de algum condenado célebre por Cláudio, mas isso é feito com a intenção retórica de se introduzir a seguinte resposta: *non placuit ulli ex ueteribus missionem dari, ne uel Claudius unquam simile speraret* (Não foi do agrado o perdão ser concedido a nenhum dos antigos condenados, para que nem mesmo Cláudio algum dia tivesse esperança similar). Sêneca declara com firmeza que é irrevogável a condenação de Cláudio, que para o morto não há a possibilidade de se pensar no perdão a suas ações condenáveis em vida. Interessante observar que Cláudio foi de fato divinizado pelo senado romano, e teve cancelada por Nero essa honra. Até aí isso vai ao encontro das ideias apresentadas pela *Apocolocintose*, no entanto o título de deus foi restituído para Cláudio por Vespasiano, o que corresponderia na *Apocolocintose* à suspensão da pena no inferno.

E no último parágrafo deste capítulo, Sêneca faz Éaco definir a pena de Cláudio. Sêneca busca na nênia[161] (Gemei,/ E sobretudo vós que,/ Ao agitar

159 *Octavia*, 619-623. Tradução de Zelia de Almeida Cardoso. Inédito.

160 *Medeia*, 744-747.

161 *Apocolocintose*, XII, 3.

o copo/ De jogar, alcançais/ Um grande lucro) as imprecações feitas contra os jogadores e por extensão ao governante morto, pois era notório o gosto do *princeps* pelo jogo, como escreve Suetônio[162]: *Solitus etiam in gestatione ludere, ita essedo alueoque adaptatis ne lusus confunderetur* (costumava jogar até mesmo no carro em que viajava, e o tabuleiro se achava tão bem ajustado à viatura que o jogo não se baralhava). A pena de Cláudio é tentar jogar os dados no copo, e estes escaparem sempre. Sêneca mescla o real – o jogo como a preferência absoluta de Cláudio – com o tipo de pena aplicada ao morto. Até nisso o autor desta sátira menipeia buscou alusões no mundo de conhecimentos mitológicos dos romanos, visto que o tipo de pena aplicada ao *princeps* faz analogia aos castigos impostos as Danaides. As Danaides foram as cinquenta filhas do rei Dânao que se casaram com os cinquenta filhos do irmão de Dânao. Por instrução do pai, as filhas mataram os maridos na noite de núpcias, mas uma das filhas se recusou a fazer isso. Posterior a isso, o marido sobrevivente vingou os irmãos mortos, e a lenda informa que elas receberam no inferno o castigo que consistia em tentar eternamente encher com água um recipiente furado[163]. Sêneca faz analogia desse mito com a pena de Cláudio associando a mortandade provocada pelas Danaides à provocada pelo governante morto.

A aplicação da pena relativa a esse jogo sem fim abre o último capítulo desta sátira menipeia:

Nam quotiens missurus erat resonante fritillo,
Vtraque subducto fugiebat tessera fundo;
Cumque recollectos auderet mittere talos,
Lusuro similis semper semperque petenti,
Decepere fidem: refugit digitosque per ipsos

162 *Cláudio*, 33.

163 Cf. *Dicionário de Mitologia Grega e Romana*, de Pierre Grimal. P. 110.

Fallax adsiduo dilabitur alea furto.
Sic, cum iam summi tanguntur culmina montis,
Irrita Sisyphio uoluuntur pondera collo.
Apparuit subito C. Caesar et petere illum in seruitutem coepit. Producit testes, qui illum uiderant ab illo flagris, ferulis, colaphis uapulantem. Adiudicatur C. Caesari. Caesar illum Aeaco donat. Is Menandro liberto suo tradidit, ut a cognitionibus esset.

De fato, todas as vezes que havia de lançá-los no
Retumbante copo, um e outro dado passava pelo
Fundo furado; e quando ousasse lançar os dados
Já recolhidos, semelhante sempre ao que vai jogar
E sempre ao que vai lançá-los, as peças enganam
Sua esperança: foge-lhe e por entre os dedos o pérfido
Dado escapa-se num ardil eterno. Assim, quando
Se tocam os mais altos pontos da montanha,
Caem rolando inúteis pesos do ombro de Sísifo.
Súbito, Caio César apareceu e começou a reclamá-lo como seu escravo; apresentou testemunhas que tinham visto Cláudio sendo golpeado por César com chicotes, varas e murros. É oferecido a Caio César. Calígula presenteia-o a Éaco. Este o passou a Menandro, um liberto seu, para que Cláudio fosse inquirido por ele. (*Apocol.*, XV, 1-2).

O início do excerto acima se relaciona, portanto, com a história mítica das Danaides, e como Sêneca fez desse dado mitológico a condenação eterna de Cláudio. Partindo da característica da menipeia que consiste em mesclar prosa e verso, Sêneca escreve em versos a primeira parte deste capítulo, aqui com intenção visível de cantar o começo do sofrimento do *princeps* no inferno. E por fim, no último parágrafo da *Apocolocintose* surge novamente Calígula, que, por não ter sido divinizado nem contar com a simpatia de

Sêneca, só poderia estar no inferno. Interessante observar que Sêneca fizera referência a Calígula e escrevera o seguinte, relacionando-o a Cláudio: *C. Caesarem non desiit mortuum persequi* (E ele não deixa de seguir os caminhos do morto Caio César)[164]. O autor desta sátira busca o fato de Calígula, quando vivo, ter maltratado Cláudio, para que isso se repita também no Hades. Suetônio[165] é autor que escreveu sobre as crueldades de Calígula para com Cláudio: *Nam Claudium patruum non nisi in ludibrium reseruauit* (com efeito, não conservou Cláudio, seu tio paterno, a não ser para zombaria).

Depois disso, em três períodos curtos que se associam com os movimentos rápidos daquilo que acontece no mundo inferior, Cláudio retorna a Éaco, que o passa ao liberto Menandro. A degradação de Cláudio chega ao fim, e o *princeps* acaba sendo escravo de um escravo, recebendo ordens de um escravo. Sêneca faz relação disso com a vida de Cláudio, que foi um *princeps* que não teve voz ativa e foi muito influenciado por seus libertos[166]. A zombaria de Sêneca faz com que Cláudio continue ligado aos tribunais, no entanto não como o juiz que decide, mas sim como um mero subordinado a outro também subordinado. A partir de então, Cláudio se estabelece no inferno, e é interessante observar que na *Octauia*, pretexta atribuída a Sêneca, há passagem em que o espectro de Agripina relata ser perseguida pelo *princeps*: *Extinctus umbras agitat infestus meas/ flammisque uultus noxios coniunx petit,/ instat, minatur, imputat fatum mihi/ tumulumque nati, poscit auctorem necis* (Meu esposo morto, hostil, persegue minha sombra e procura alcançar com chamas meu rosto culpado; aproxima-se, ameaça, imputa-me sua morte e seus funerais, exige o autor do assassínio de seu filho. Espera! Ele te será entregue. Não te peço muito tempo)[167]. No trecho da *Apocolocintose*, Menandro, citado

---

164 *Apocolocintose,* XI, 2.

165 *Calígula,* 23.

166 Cf. Suetônio, *Cláudio,* 29.

167 *Octauia,* 614-617. Tradução de Zelia de Almeida Cardoso. Inédito.

como aquele que irá inquirir o morto, pode ser relacionado com o poeta de comédias grego, que viveu entre 342 a.C. e 291 a.C. Caso Sêneca tenha pensado neste poeta grego, essa é a homenagem final ao gênero textual que disseca os vícios e que serviu de veículo para a grande derrisão contra Cláudio.

Considerações Finais

Nesse texto pouco conhecido em língua portuguesa, Sêneca, o grande filósofo estoico, deixou de lado essa austeridade de caráter e rigidez moral para nos presentear com um texto único e revelador das entranhas do poder na Roma do século I d.C. Dá a conhecer em seu texto *Apocolocintose do divino Cláudio* o governante morto de Roma sem nenhum véu que poderia enobrecê-lo. A ira contida por muitos anos devido ao exílio sofrido e, depois, a constatação da inabilidade de Cláudio liderar os romanos fazem com que Sêneca ponha para fora, após a morte desse *princeps*, tudo aquilo que lhe presenciou na corte. A *Apocolocintose do divino Cláudio* trata disso, portanto. E a partir dessa experiência de leitura a respeito das características da menipeia, procuramos deixar a tradução do texto para o português, em nosso trabalho de pesquisa, o mais próximo possível da ideia latina, porque como Umberto Eco mesmo afirma, em uma tradução "nunca se diz a mesma coisa, pode-se dizer quase a mesma coisa"[168]. Nessa escolha de tradução e não de simplesmente uma versão para a nossa língua, conservamos a segunda pessoa, que quase não se usa em português – principalmente em textos de gênero baixo –, mas que aqui assume uma importante função, pois é particularidade da menipeia uma mistura de estruturas formais com informais, de formas cultas com palavras da coloquialidade.

168 *Quase a mesma coisa: experiências de tradução.* Editora Record, p. 10.

Constatamos que a *Apocolocintose* é um texto popular, todavia de extremo rigor em sua estrutura interna. A partir de investigação dessa estrutura, tenta-se trazer para o leitor aquilo que seu autor utilizou, em termos de erudição e de conhecimentos do mundo antigo, para a tessitura da sátira. Texto de múltiplas relações intertextuais, quase ou igual a uma colcha de retalhos em que cada pedacinho tem muito a dizer, em que se vai encadeando fato e ficção. Procurou-se evidenciar aqui algumas conexões que a *Apocolocintose* estabeleceu com a literatura grega e romana, mas salientamos de antemão que isso pode representar uma pequena parte do que de fato a *Apocolocintose* é: uma infinita rede de significações e de sugestões.

Para melhorar a experiência de leitura,
as notas de tradução estão localizadas ao final,
a partir da página 181.

SÊNECA

‡

Apocolocintose do Divino Cláudio

‡

TRADUÇÃO E NOTAS:
Frederico de Sousa Silva

ΑΠΟΚΟΛΟΚΥΝΤΩΣΙΣ DIVI CLAVDII

I. 1 *Quid actum sit in caelo ante diem III. idus Octobris anno nouo, initio saeculi felicissimi, uolo memoriae tradere. Nihil nec offensae nec gratiae dabitur. Haec ita uera si quis quaesiuerit unde sciam, primum, si noluero, non respondebo. Quis coacturus est? Ego scio me liberum factum, ex quo suum diem obiit ille qui uerum prouerbium fecerat, aut regem aut fatuum nasci oportere.* ***2*** *Si libuerit respondere, dicam quod mihi in buccam uenerit. Quis unquam ab historico iuratores exegit? Tamen, si necesse fuerit auctorem producere, quaerito ab eo qui Drusillam euntem in caelum uidit: idem Claudium uidisse se dicet iter facientem "non passibus aequis". Velit nolit, necesse est illi omnia uidere quae in caelo aguntur: Appiae Viae curator est, qua scis et Diuum Augustum et Tiberium Caesarem ad deos isse.*

APOCOLOCINTOSE DO DIVINO CLÁUDIO[169]

LÚCIO ANEU SÊNECA

I.1 Desejo transmitir à história aquilo acontecido no céu no terceiro dia antes dos idos de outubro[170], em um ano-novo, no início de um século muito feliz. Sobre ofensa e sobre gratidão não será dito nada. Dessa maneira, essas são as verdades. Caso alguém pergunte de que lugar as conheço, primeiramente, se eu não desejar, não responderei. Quem é obrigado a falar? Quanto a mim, sei que me tornei livre desde que morreu aquele que fizera verdadeiro o provérbio "é melhor nascer ou rei ou tolo". **2** Se for prazeroso responder, direi aquilo que me virá à boca. Quem avaliou alguma vez os juramentos de um historiador? Todavia, se for necessário apresentar um fiador, procura aquele que viu Drusila, que ia para o céu[171]: ele mesmo dirá ter visto que Cláudio percorria 'com passos desiguais'[172] o mesmo caminho. Queira ou não, para aquele que viu Drusila ascender é inevitável ver todas as coisas que se passam no céu: ele é o encarregado da via Ápia, por onde tu sabes ter ido para junto dos deuses não só o divino Augusto mas também Tibério César.

3 *Hunc si interrogaueris, soli narrabit. Coram pluribus nunquam uerbum faciet: nam, ex quo in senatu iurauit se Drusillam uidisse caelum ascendentem et illi pro tam bono nuntio nemo credidit, quod uiderit, uerbis conceptis affirmauit se non indicaturum, etiam si in medio Foro hominem occisum uidisset. Ab hoc ego quae tum audiui certa, clara affero, ita illum saluum et felicem habeam.*

II. 1 *Iam Phoebus breuiore uia contraxerat ortum*
Lucis et obscuri crescebant tempora somni;
Iamque suum uictrix augebat Cynthia regnum,
Et deformis Hiemps gratos carpebat honores
Diuitis Autumni, iussoque senescere Baccho
Carpebat raras serus uindemitor uuas.

2 *Puto magis intellegi si dixero: mensis erat october, dies III. idus octobris. Horam non possum certam tibi dicere: facilius inter philosophos quam inter horologia conueniet. Tamen inter sextam et septimam erat. 3 – Nimis rustice! Adquiescunt omnes poetae, non contenti ortus et occasus describere, ut etiam medium diem inquietent: tu sic transibis horam tam bonam?*

4 *Iam medium curru Phoebus diuiserat orbem*
Et propior nocti fessas quatiebat habenas,
Obliquo flexam deducens tramite lucem.

3 Se a este encarregado tiveres interrogado, ele contará somente a ti. Na presença de muitos não dirá uma palavra: na verdade, desde que no Senado jurou ter visto Drusila, que subia para o céu – e em prol de tão boa notícia ninguém acreditou nele[173] –, com palavras inflamadas afirmou que não revelaria o que teria visto, ainda que tivesse visto um homem assassinado no meio do foro. Dele, então, eu ouvi estes fatos, provados e esclarecidos, que conto. Dessa maneira, que eu o tenha saudável e feliz.

II. 1 Por um mais curto caminho Febo já reprimira o nascimento
Da luz e aumentavam as horas de um sono sombrio,
E já elevava seu reino a vitoriosa Líntia[174],
E o horrendo inverno arrancava os agradáveis enfeites
Do rico outono e, ordenado Baco a envelhecer,
Colhia as últimas uvas um tardio vindimador.

2 Considero que serei mais bem compreendido se eu disser: era o mês de outubro, terceiro dia de seus idos. Não posso dizer-te a hora exata: isso se ajustará mais facilmente entre os filósofos do que entre os relógios. Todavia era entre a sexta e a sétima hora[175]. **3** – Muitas vezes grosseiro! Consentem todos os poetas, descontentes em descrever o nascer do Sol e o ocaso, que também atormentem o meio-dia. Tu, assim, passarás hora tão boa?

4 Já metade da órbita com seu carro Febo havia dividido
E mais próximo da noite as cansadas rédeas movia,
Por oblíquo caminho descendo a arqueada luz.

***III.* 1** *Claudius animam agere coepit, nec inuenire exitum poterat. Tum Mercurius, qui semper ingenio eius delectatus esset, unam e tribus Parcis seducit et ait: "Quid, femina crudelissima, hominem miserum torqueri pateris? Nec unquam tam diu cruciatus cesset? Annus sexagesimus quartus est, ex quo cum anima luctatur. Quid huic et rei publicae inuides?* **2** *Patere mathematicos aliquando uerum dicere, qui illum, ex quo princeps factus est, omnibus annis, omnibus mensibus efferunt. Et tamen non est mirum si errant et horam eius nemo nouit: nemo enim unquam illum natum putauit. Fac quod faciendum est: "dede neci, melior uacua sine regnet in aula."*

3 *Sed Clotho: "Ego, mehercules!" inquit, "pusillum temporis adicere illi uolebam, dum hos pauculos qui supersunt ciuitate donaret: constituerat enim omnes Graecos, Gallos, Hispanos, Britannos togatos uidere. Sed, quoniam placet aliquos peregrinos in semen relinqui et tu ita iubes fieri, fiat."* **4** *Aperit tum capsulam et tres fusos profert. Vnus erat Augurini, alter Babae, tertius Claudii.*

III. 1 Cláudio começou a exalar sua alma e não encontrava uma saída[176]. Então Mercúrio, que sempre havia sido agradado pelo engenho dele[177], chamou à parte uma das três Parcas[178] e disse: "Como, mulher crudelíssima, tu permites que este homem infeliz seja torturado? Nem alguma vez, depois de tanto tempo atormentado, tu consentes que ele descanse[179]? São sessenta e quatro anos com os quais ele luta contra sua alma. Por que invejas a ele e à República? **2** Deixa que os astrólogos uma vez digam a verdade, aqueles que, desde que o príncipe foi nomeado, enterram-no todos os anos, todos os meses. Entretanto não é espantoso que os astrólogos erraram e ninguém soube a hora dele. Ninguém, com efeito, calculou que ele tivesse nascido[180]. Faze aquilo que deve ser feito: ***dede neci, melior uacua sine regnet in aula*** (entrega-o à morte, consente que o melhor reine no palácio desocupado)"[181].

3 Entretanto, Cloto diz: "Eu, por Hércules, desejava aumentar um pouquinho a vida dele, até que premiasse aqueles poucos que restam com o direito de cidadania – ele tinha determinado, com efeito, que todos, gregos, gauleses, hispanos, britanos, fossem vistos com a toga[182]. Mas, já que é conveniente que se conservem alguns estrangeiros para semente e tu ordenas assim ser feito, então que se faça". **4** Ela então abre uma caixinha e tira três rolos: um era de Augurino, outro de Baba e o terceiro de Cláudio[183].

"Hos, inquit, tres uno anno exiguis interuallis temporum diuisos mori iubebo, nec illum incomitatum dimittam. Non oportet enim eum qui modo se tot milia hominum sequentia uidebat, tot praecedentia, tot circumfusa, subito solum destitui. Contentus erit his interim conuictoribus."

IV. 1 *Haec ait et, turpi conuoluens stamina fuso,*
Abrupit stolidae regalia tempora uitae.
At Lachesis, redimita comas, ornata capillos,
Pieria crinem lauro frontemque coronans,
Candida de niueo subtemina uellere sumit,
Felici moderanda manu, quae ducta colorem
Assumpsere nouum. Mirantur pensa sorores:
Mutatur uilis pretioso lana metallo;
Aurea formoso descendunt saecula filo.
Nec modus est illis: felicia uellera ducunt
Et gaudent implere manus; sunt dulcia pensa.
Sponte sua festinat opus nulloque labore
Mollia contorto descendunt stamina fuso:
Vincunt Tithoni, uincunt et Nestoris annos.
Phoebus adest cantuque iuuat gaudetque futuris,
Et laetus nunc plectra mouet, nunc pensa ministrat.
Detinet intentas cantu fallitque laborem;
Dumque nimis citharam fraternaque carmina laudant,
Plus solito neuere manus humanaque fata
Laudatum transcendit opus. "Ne demite, Parcae,
Phoebus ait; uincat mortalis tempora uitae
Ille mihi similis uultu similisque decore,
Nec cantu nec uoce minor. Felicia lassis

"Ordenarei, diz, que esses três, neste ano, morram separados por pequenos intervalos de tempo, não enviarei este sem comitiva. Com efeito não convém, de forma súbita, ser deixado sozinho aquele que há pouco via tantos milhares de homens que o seguiam, tantos que o precediam, tantos que o cercavam. Por enquanto, será enterrado com esses companheiros de mesa."

IV. 1 Estas palavras diz e, em horrendo rolo enrolando os fios das Parcas,
Interrompeu os tempos de rei de uma estúpida vida.
Mas Láquesis, prendendo a cabeleira, enfeitando os cabelos,
Com o loureiro da Piéria coroando as mechas de cabelo e a testa,
De uma nívea lã pega brancos fios, por mão feliz
Devendo ser guiados fios que, tecidos, tomam para si
Cor nova. Admiram-se dos feixes de lã as irmãs:
Muda-se a comum lã para precioso metal,
Do fio formoso descendem séculos de ouro.
Nem limite há para elas: tecem felizes velos de lã
E se alegram em encher as mãos; doces são os feixes de lã.
Por própria vontade Láquesis apressa a obra e sem esforço
Flexíveis fios fluem do rolo que gira:
Superam os anos de Titono, superam também os de Nestor[184].
Está presente Febo e com seu canto auxilia e se alegra com o futuro,
E feliz ora toca a lira, ora os feixes de lã manobra.
Com seu canto encanta as aplicadas irmãs e alivia o esforço;
Mais do que o costumeiro as mãos fiaram e os destinos humanos
A celebrada obra perpassa. "Não deixai escapar nada, ó Parcas,
Diz Febo, que ele dos mortais exceda o tempo de vida
Ele, a mim semelhante em rosto e em beleza semelhante
Nem em canto nem em voz inferior. Aos desventurados,

Saecula praestabit legumque silentia rumpet
Qualis discutiens fugientia Lucifer astra
Aut qualis surgit redeuntibus Hesperus astris,
Qualis, cum primum tenebris Aurora solutis
Induxit rubicunda diem, Sol aspicit orbem
Lucidus et primos a carcere concitat axes,
Talis Caesar adest, talem iam Roma Neronem
Aspiciet. Flagrat nitidus fulgore remisso
Vultus et adfuso ceruix formosa capillo."

2 *Haec Apollo. At Lachesis, quae et ipsa homini formosissimo faueret, fecit illud plena manu, et Neroni multos annos de suo donat. Claudium autem iubent omnes χαίροντας, εὐφημοῦντας ἐκπέμπειν δόμων. Et ille quidem animam ebulliit, et ex eo desiit uiuere uideri. Exspirauit autem dum comoedos audit, ut scias me non sine causa illos timere.* ***3*** *Vltima uox eius haec inter homines audita est, cum maiorem sonitum emisisset illa parte, qua facilius loquebatur: "Vae me! puto concacaui me." Quod an fecerit nescio. Omnia certe concacauit.*

Felizes séculos oferecerá e o silêncio das leis romperá.
Tal qual Lúcifer dissipando os astros que fogem
Ou tal qual Héspero levantando-se aos astros que tornam a vir,
Tal qual, logo que a avermelhada Aurora, dissolvidas as trevas,
Faz avançar o dia, o Sol, radiante, contempla a terra
E lança do nascente seus primeiros raios.
Tal César está presente, Roma contemplará agora tal Nero.
Brilha o elegante rosto com suave luz
E também a bela nuca por causa dos cabelos soltos."[185]

2 Isso disse Apolo. Por sua parte, Láquesis, para que ela mesma favorecesse ao formosíssimo homem, com mão cheia fez Nero e lhe dá, de seu próprio bolso, muitos anos. Contrariamente, a Cláudio todos desejam *χαίροντας, εὐφημοῦντας ἐκπέμπειν δόμων* (alegres e entusiastas levá-lo para fora de casa)[186]. E ele, seguramente, morreu e, desde então, deixou de parecer que vivia. Expirou, entretanto, enquanto ouvia atores cômicos, de forma que tu saibas eu não os temer sem motivo. **3** Foi-lhe este o último som ouvido entre os homens, ainda que tivesse deixado escapar os maiores barulhos daquela parte com a qual mais facilmente falava[187]: "Ai de mim, creio que me caguei[188]". Não sei se ele fez isso[189]. O certo é que emporcalhou todas as coisas.

V.1 *Quae in terris postea sint acta, superuacuum est referre. Scitis enim optime, nec periculum est ne excidant memoriae quae gaudium publicum impresserit: nemo felicitatis suae obliuiscitur. In caelo quae acta sint audite: fides penes auctorem erit.* ***2*** *Nuntiatur Ioui uenisse quendam bonae staturae, bene canum; nescio quid illum minari, assidue enim caput mouere; pedem dextrum trahere. Quaesisse se, cuius nationis esset: respondisse nescio quid perturbato sono et uoce confusa. Non intellegere se linguam eius: nec Graecum esse nec Romanum, nec ullius gentis notae.* ***3*** *Tum Iuppiter Herculem, qui totum orbem terrarum pererrauerat et nosse uidebatur omnes nationes, iubet ire et explorare quorum hominum esset. Tum Hercules primo aspectu sane perturbatus est, ut qui etiam non omnia monstra timuerit: ut uidit noui generis faciem, insolitum incessum, uocem nullius terrestris animalis, sed, qualis esse marinis beluis solet, raucam et implicatam, putauit sibi tertium decimum laborem uenisse.*

V. 1 Aqueles fatos posteriormente acontecidos na Terra é desnecessário reproduzir. Com efeito, vós os conheceis perfeitamente[190], nem há risco de que desapareçam aquelas coisas que a satisfação geral tenha gravado na memória. Ninguém se esquece de sua felicidade. Escutai o que acontecia no céu: a garantia do fato estará em poder de uma autoridade. **2** Anuncia-se a Júpiter que alguém de boa estatura, bem velho, chegou; ignoro o que ameaça, pois incessantemente move a cabeça e arrasta o pé direito. Perguntaram-lhe de que nação era. Respondeu não sei o que com estrondoso som e confusa voz. Não se compreende a língua dele, não é grego, nem romano, nem de algum povo conhecido.

3 Então Júpiter ordena a Hércules[191], que tinha percorrido todo o orbe da Terra e parecia ter conhecido todas as nações, ir e examinar de que gênero humano Cláudio seria. Então, com um primeiro olhar, Hércules se perturba completamente, da mesma forma que alguém que ainda não teria temido todos os monstros. Quando Hércules viu a aparência da nova espécie, o passo desigual, a voz não de animal terrestre, mas retumbante e inarticulada tal qual costuma ser a de monstros marinhos, pensou que havia chegado o seu décimo terceiro trabalho[192].

***4** Diligentius intuenti uisus est quasi homo. Accessit itaque et, quod facillimum fuit Graeculo, ait:*

Τίς πόθεν εἷς ἀνδρῶν ; πόθι τοὶ πόλις ἠδὲ τοκῆες ;

Claudius gaudet esse illic philologos homines: sperat futurum aliquem Historiis suis locum. Itaque, et ipse homerico uersu Caesarem se esse significans, ait:

Ἰλιόθεν με φέρων ἄνεμος Κικόνεσσι πέλασσεν.

Erat autem sequens uersus uerior, aeque homericus:

Ἔνθα δ᾽ἐγὼ πόλιν ἔπραθον, ὤλεσα δ᾽αὐτούς.

***VI. 1** Et imposuerat Herculi minime uafro, nisi fuisset illic Febris, quae, fano suo relicto, sola cum illo uenerat; ceteros omnes deos Romae reliquerat. "Iste" inquit "mera mendacia narrat.*

4 Ao examiná-lo com mais atenção, o aspecto pareceu ser mais ou menos de um homem. Desse modo, aproximou-se dele e – aquilo foi muito fácil para um greguinho[193] – disse:
Τίς πόθεν εἷς ἀνδρῶν ; πόθι τοὶ πόλις ἠδὲ τοκῆες ; (Quem és? De que país vens? Onde estão tua cidade e teus pais?)[194]. Cláudio alegra-se de ali haver homens eruditos[195]: tem esperança de que deverá existir algum lugar para suas histórias[196]. Assim, ele mesmo, dando a entender com verso homérico ser um César, disse: *Ἰλιόθεν με φέρων ἄνεμος Κικόνεσσι πέλασσεν* (o vento, afastando-me de Ílio, impeliu-me aos Cíconos)[197]. Entretanto, o verso seguinte era mais correto, e igualmente homérico: *Ἔνθα δ'ἐγὼ πόλιν ἔπραθον, ὤλεσα δ'αὐτούς* (lá eu saqueei a cidade e destruí os defensores).[198]

VI. 1 E Cláudio teria enganado Hércules, de modo algum esperto, se não estivesse ali Febre[199], a única que, deixando para trás seu templo, tinha vindo com ele. Todos os demais deuses, Cláudio tinha-os deixado em Roma. "Este, diz Febre a Hércules, conta vulgares mentiras.

Ego tibi dico, quae cum illo tot annis uixi: Luguduni natus est. Munatii municipem uides. Quod tibi narro, ad sextum decimum lapidem natus est a Vienna, Gallus germanus. Itaque, quod Gallum facere oportebat, Romam cepit. Hunc ego tibi recipio Luguduni natum, ubi Licinus multis annis regnauit. Tu autem, qui plura loca calcasti quam ullus mulio perpetuarius, Lugudunenses scire debes et multa milia inter Xanthum et Rhodanum interesse." ***2*** *Excandescit hoc loco Claudius et quanto potest murmure irascitur. Quid diceret nemo intellegebat; ille autem Febrim duci iubebat, illo gestu solutae manus, et ad hoc unum satis firmae, quo decollare homines solebat. Iusserat illi collum praecidi: putares omnes illius esse libertos, adeo illum nemo curabat.*

VII. 1 *Tum Hercules: "Audi me" inquit "tu desine fatuari. Venisti huc ubi mures ferrum rodunt. Citius mihi uerum, ne tibi alogias excutiam!" Et, quo terribilior esset, tragicus fit et ait:*

Digo a ti, eu que vivi com ele incontáveis anos: nascido em Lugduno[200], tu vês um cidadão de Munácio[201]. Nascido a dezesseis milhas de Viena[202], o que eu te conto é que ele é um Galo genuíno[203]. Desse modo, apossou-se de Roma, que era dever de um Galo[204] fazer. Eu te garanto que ele nasceu em Lugduno, onde Licino[205] reinou por muitos anos. Tu, todavia, que percorreste mais caminhos que algum muleiro em ação, deves conhecer os cidadãos de Lugduno e deves saber que o Xanto e o Ródano[206] estão entre muitas milhas." **2** Cláudio arde de raiva com esta situação e, o quanto pode com sons inarticulados, se enfurece. Aquilo que estava dizendo ninguém compreendia. Todavia ele ordenava que Febre fosse levada dali, com aquele gesto de mão frouxa[207], mas somente para isto bastante firme: porque estava habituado a degolar homens. Ele tinha decretado cortar o pescoço de outros: considerarias tu que todos fossem libertos dele, mas até o momento ninguém se importava com ele.

VII. 1 Então disse Hércules: "Escuta-me. Para tu de delirar. Vieste para aqui, onde os ratos roem o ferro[208]. Mais do que depressa me falas a verdade, para que eu não arranque de ti tolices." E para que ficasse mais pavoroso, Hércules se faz de trágico[209] e diz:

2 *"Exprome propere sede qua genitus cluas,*
Hoc ne peremptus stipite ad terram accidas:
Haec claua reges saepe mactauit feros.
Quid nunc profatu uocis incerto sonas?
Quae patria, quae gens mobile eduxit caput?
Edissere. Equidem regna tergemini petens
Longinqua regis, unde ab Hesperio mari
Inachiam ad urbem nobile aduexi pecus,
Vidi duobus imminens fluuiis iugum,
Quod Phoebus ortu semper obuerso uidet,
Vbi Rhodanus ingens amne praerapido fluit
Ararque, dubitans quo suos cursus agat,
Tacitus quietis adluit ripas uadis:
Estne illa tellus spiritus altrix tui?"

3 *Haec satis animose et fortiter; nihilo minus mentis suae non est et timet μωροῦ πληγήν. Claudius, ut uidit uirum ualentem, oblitus nugarum, ntellexit neminem Romae sibi parem fuisse, illic non habere se idem gratiae: gallum in suo sterquilino plurimum posse.*

2 "Conta bem rápido em que cidade tu, gerado, sejas célebre
Para que não caias morto por este bastão[210] sobre a terra:
Esta clava ferozes reis muitas vezes matou.
O quê, com a articulação vacilante da voz, murmuras agora?
Que pátria, que nação produziu essa inconstante cabeça[211]?
Explica-te bem. Sem dúvida, ao dirigir-me aos longínquos reinos
Do rei tricorpóreo, de onde, do mar Hespério, levei
Para a cidade de Argos um conhecido rebanho[212],
Vi sobre dois rios elevando-se uma cadeia de montanhas
Que Febo sempre em oposição ao nascer vê,
Onde o extenso Ródano em corrente muito veloz flui
E o Arar[213], hesitante para onde leve seus cursos,
Silencioso banha com calmas águas as margens:
É nutriz de teu espírito aquela terra?"

3 Hércules diz essas palavras com bastante vigor e energia, todavia não está em seu juízo perfeito e teme *μωροῦ πληγήν* (um golpe do tolo)[214]. Quando viu aquele valente homem, Cláudio compreendeu, esquecido das frivolidades, que ninguém em Roma foi semelhante a ele próprio, mas ele mesmo ali não possuía consideração: um galo pode muito em seu monte de esterco[215].

4 *Itaque, quantum intellegi potuit, haec uisus est dicere: "Ego te, fortissime deorum Hercule, speraui mihi adfuturum apud alios, et, si qui a me notorem petisset, te fui nominaturus, qui me optime nosti. Nam, si memoria repetis, ego eram qui tibi ante templum tuum ius dicebam totis diebus mense Iulio et Augusto.* 5 *Tu scis quantum illic miseriarum tulerim, cum causidicos audirem diem et noctem, in quos si incidisses, ualde fortis licet tibi uidearis, maluisses cloacas Augeae purgare: multo plus ego stercoris exhausi. Sed quoniam uolo...........".*

VIII. 1 *... "Non mirum quod in curiam impetum fecisti: nihil tibi clausi est. Modo dic nobis, qualem deum istum fieri uelis. Ἐπικούρειος θεὸς non potest esse: οὔτε αὐτὸς πρᾶγμα ἔχει οὔτε ἄλλοις παρέχει. Stoicus? Quomodo potest rotundus esse, ut ait Varro, 'sine capite, sine praeputio'? Est aliquid in illo stoici dei, iam uideo: nec cor nec caput habet.* **2** *Si mehercules a Saturno petisset hoc beneficium, cuius mensem toto anno celebrauit Saturnalicius princeps, non tulisset illud, nedum ab Ioue, quem, quantum quidem in illo fuit, damnauit incesti.*

4 Assim, do quanto pôde ser entendido, pareceu dizer estas coisas: "Eu tinha esperanças em ti, ó Hércules, o mais forte dos deuses, que deverias tu favorecer-me junto aos outros deuses e, se alguém me tivesse pedido com insistência um avalista, eu te defenderia, devendo nomear a ti, que me conheceste muito bem. Pois se voltas à memória, eu era aquele que diante de teu templo consagrava para ti a justiça o dia inteiro nos meses de julho e agosto[216]. **5** Tu sabes o quanto ali eu suportara de misérias, quando dia e noite ouvia advogados. Se tivesses caído no meio deles, sem dúvida ainda que pareças corajoso, terias preferido limpar os esgotos de Áugias[217]. Eu tirei para fora muito mais esterco. Mas visto que desejo...".[218]

VIII. 1 "Não é surpresa aquilo que atacaste na Cúria[219]: não há nada fechado para ti. Dize-nos agora que deus que tu desejas que este se torne. *Ἐπικούρειος θεὸς* (um deus epicureu) não pode ser: *οὔτε αὐτὸς πρᾶγμα ἔχει οὔτε ἄλλοις παρέχει* (ele nem tem problemas nem causa problemas a outros)[220]. Estoico? Como pode ser 'redondo', como disse Varrão, 'sem cabeça, sem prepúcio'[221]? Há algum traço de deus estoico nele, vejo agora: não tem coração nem cérebro. **2** Se, por Hércules, tivesse pedido com insistência essa graça a Saturno, cujo mês celebrava o ano todo, este príncipe das Saturnais[222] não teria obtido. Muito menos teria conseguido de Júpiter, a quem, pelo menos no que lhe dizia a respeito, condenou por incesto.

Silanum enim generum suum occidit, oro, propter quid? Sororem suam, festiuissimam omnium puellarum, quam omnes Venerem uocarent, maluit Iunonem uocare. 'Quare' inquis 'quaero enim, sororem suam?'Stulte, stude: Athenis dimidium licet, Alexandriae totum. ***3*** *'Quia Romae' inquis 'mures molas lingunt', hic nobis curua corrigit? Quid in cubiculo suo faciat nescio, et iam "caeli scrutatur plagas"! Deus fieri uult: parum est quod templum in Britannia habet, quod hunc barbari colunt et ut deum orant μωροῦ εὐιλάτου τύχην ?"*

O Imperador, com efeito, matou seu genro Silano, e eu pergunto, por causa de quê? Porque este preferiu chamar de Juno a própria irmã, a mais encantadora entre todas as moças, a qual todas chamavam de Vênus[223]. Dizes tu: 'Por que, pergunto, então, a própria irmã?' Insensato, instrui-te[224]: em Atenas isso é possível à metade; em Alexandria, a todos[225]. **3** 'Como em Roma, dizes, os ratos lambem as mós de um moinho'[226], ele vem endireitar as nossas coisas retorcidas? Desconheço aquilo que faça em sua alcova[227] e já 'procura conhecer as extensões do céu'[228]! Quer tornar-se deus: é pouco que ele tenha um templo na Bretanha[229], e que os bárbaros o cultuam e suplicam para ele, como para um deus, *μωροῦ εὐιλάτου τύχην* (a fortuna de um estúpido bem propício)?[230]

IX. 1 *Tandem Ioui uenit in mentem, priuatis intra Curiam morantibus, nec sententiam dicere licere nec disputare. "Ego inquit P. C.., interrogare uobis permiseram, uos mera mapalia fecistis. Volo ut seruetis disciplinam Curiae. Hic, qualiscumque est, quid de nobis existimabit?"* ***2*** *Illo dimisso, primus interrogatur sententiam Ianus pater. Is designatus erat in kal. Iulias postmeridianus consul, homo quantumuis uafer, qui semper uidet ἅμα πρόσσω καὶ ὀπίσσω. Is multa diserte, cum in Foro uiuebat, dixit, quae notarius persequi non potuit, et ideo non refero, ne aliis uerbis ponam quae ab illo dicta sunt.* ***3*** *Multa dixit de magnitudine deorum; non debere hunc uulgo dari honorem: "Olim, inquit, magna res erat deum fieri; iam Fabam mimum fecistis. Itaque, ne uidear in personam, non in rem dicere sententiam, censeo ne quis post hunc diem deus fiat ex his qui ἀρούρης καρπὸν ἔδουσιν aut ex his quos alit ζείδωρος ἄρουρα. Qui contra hoc senatus consultum deus factus, dictus pictusue erit, eum dedi Laruis et proximo munere inter nouos auctoratos ferulis uapulare placet."*

IX. 1 Por fim, Júpiter lembra-se de que não é permitido[231], com particulares delirantes dentro da Cúria[232], examinar nem pronunciar pareceres. "Eu, diz, tinha permitido a vós, senadores, interrogá-lo, e vós fizestes daqui uma autêntica choça. Quero que preserveis o regulamento da Cúria. Este, seja quem for, o que pensará de nós?" **2** Depois de dispensar Cláudio, o primeiro a ter o pensamento questionado é o pai Jano[233]. Nas calendas de julho[234], havia sido designado cônsul da tarde ele, homem sagaz tanto quanto possível, que sempre vê *ἅμα πρόσσω καὶ ὀπίσσω* (ao mesmo tempo atrás e à frente)[235]. Como quem vivia no Fórum, ele disse com grande eloquência muitas coisas que o escrivão não pôde acompanhar[236], e por isso não as reproduzo para não colocar outras palavras que por ele foram ditas. **3** Ele disse muitas coisas a respeito da magnitude dos deuses e que essa honra não deve ser entregue ao vulgo. "Outrora, diz, era grande acontecimento ser transformado em deus: agora vós fizestes a comédia em fava[237]. Assim, para que não pareça dar um juízo contra esta pessoa e contra esta sentença, proponho que ninguém após este dia seja feito deus daqueles que *ἀρούρης καρπὸν ἔδουσιν* (comem o fruto da Terra), ou daqueles que *ζείδωρος ἄρουρα* (a fecunda terra)[238] alimenta. Quem contrariamente a este decreto do Senado for feito ou dito deus, ou representado como deus, eu o ofertarei às Larvas[239] e no próximo espetáculo será do agrado que ele leve chibatadas entre os novos gladiadores."

4 *Proximus interrogatur sententiam Diespiter, Vicae Potae filius, et ipse designatus consul, nummulariolus: hoc quaestu se sustinebat, uendere ciuitatulas solebat. Ad hunc belle accessit Hercules et auriculam illi tetigit. Censet itaque in haec uerba:* **5** *"Cum Diuus Claudius et Diuum Augustum sanguine contingat, nec minus Diuam Augustam auiam suam, quam ipse deam esse iussit, longeque omnes mortales sapientia antecellat, sitque e re publica esse aliquem qui cum Romulo possit 'feruentia rapa uorare', censeo uti Diuus Claudius ex hac die deus sit, ita uti ante eum qui optimo iure factus sit, eamque rem ad Metamorphosis Ouidi adiciendam."* **6** *Variae erant sententiae, et uidebatur Claudius sententiam uincere. Hercules enim, qui uideret ferrum suum in igne esse, modo huc, modo illuc cursabat et aiebat: "Noli mihi inuidere, mea res agitur; deinde tu si quid uolueris, in uicem faciam; manus manum lauat."*

4 O próximo que tem o parecer questionado é Diéspiter, filho de Vica Pota[240], cônsul designado e também pequeno banqueiro. Com esta renda ele se sustentava: tinha o costume de vender direitos de cidadão[241]. Sutilmente Hércules aproximou-se dele e tocou-lhe a orelha[242]. Dessa forma, Diéspiter manifesta-se com estas palavras: **5** "Como o divino[243] Cláudio tenha relação de sangue não só com o divino Augusto como também com a divina Augusta, sua avó, que ele mesmo decretou ser divina[244], e que de longe ele exceda todos os mortais em sabedoria, e que exista na república alguém que possa 'devorar nabos fervidos' com Rômulo[245], declaro que o divino Cláudio seja deus a partir desta data, assim como antes dele qualquer um que, com a melhor condição legal, tenha se tornado deus, e se acrescente este acontecimento às *Metamorfoses* de Ovídio[246]." **6** Várias eram as opiniões e Cláudio parecia ganhar a proposição. Com efeito Hércules, como via que seu ferro estava no fogo[247], corria para aqui e para ali[248] e dizia: "Não queiras me embaraçar: trata-se de meus interesses; depois se tu desejares, farei por ti igualmente. Uma mão lava a outra[249]."

X. 1 *Tunc diuus Augustus surrexit sententiae suae loco dicendae et summa facundia disseruit. "Ego inquit P.C., uos testes habeo, ex quo deus factus sum, nullum me uerbum fecisse. Semper meum negotium ago. Sed non possum amplius dissimulare et dolorem, quem grauiorem pudor facit, continere.* ***2*** *In hoc terra marique pacem peperi? Ideo ciuilia bella compescui, ideo legibus Vrbem fundaui, operibus ornaui, ut... Quid dicam, P.C., non inuenio: omnia infra indignationem uerba sunt. Confugiendum est itaque ad Messalae Coruini, disertissimi uiri, illam sententiam: 'Pudet imperii.'* ***3*** *Hic, P.C., qui uobis non posse uidetur muscam excitare, tam facile homines occidebat quam canis excidit. Sed quid ego de tot ac talibus uiris dicam? Non uacat deflere publicas clades intuenti domestica mala. Itaque illa omittam, haec referam; nam, etiam si sormea graece nescit, ego scio: ἔγγιον γόνυ κνήμης.* ***4*** *Iste quem uidetis, per tot annos sub meo nomine latens, hanc mihi gratiam rettulit, ut duas Iulias proneptes meas occideret, alteram ferro, alteram fame, unum abnepotem L. Silanum: uideris, Iuppiter, an in causa mala; certe in tua, si aequus futurus es.*

X. 1 Então o divino Augusto levantou-se de seu lugar e discorreu com extrema eloquência seu discurso: "Eu, diz, tenho a vós, senadores, como testemunhas de que nenhum discurso fiz desde que me tornei deus. Sempre me ocupo de minha obrigação. Entretanto não posso fingir por mais tempo nem reprimir a dor que a vergonha faz mais insuportável. **2** Obtive a paz na terra e no mar para isto? Para isto acabei com as guerras civis? Para isto assentei solidamente a cidade, ornei-a com obras, para quê?[250] Senadores, não encontro o que diga: todas as palavras são inferiores à minha indignação. Desse modo deve-se procurar auxílio naquela sentença de Messala Corvino, homem muito eloquente: 'tenho vergonha do poder[251]'. **3** Este[252], senadores, que a vós parece não poder despertar uma mosca, tão facilmente matava homens quanto um cão se assenta. Mas o que eu falarei de tantos e semelhantes homens? Não há tempo para chorar as desgraças públicas ao se fixar os olhos nas desgraças familiares. Dessa forma deixarei de lado aqueles fatos e trarei estes: pois mesmo que *** desconheça o grego, eu o conheço: *ἔγγιον γόνυ κνήμης* (está mais perto o joelho do que a panturrilha)[253]. **4** Este, a quem estais vendo, por numerosos anos escondendo-se sob meu nome, restituiu-me a graça, ainda que matasse duas Júlias, minhas bisnetas – uma com o ferro, outra com a fome[254] –, e um trineto, Lúcio Silano: verás tu, ó Júpiter, ou numa causa má, mas certamente numa causa tua, se hás de ser justo[255].

Dic mihi, diue Claudi, quare quemquam ex his quos quasque occidisti, antequam de causa cognosceres, antequam audires, damnasti? Hoc ubi fieri solet? In caelo non fit.

XI. 1 *Ecce Iuppiter, qui tot annos regnat, uni Volcano crus fregit, quem Ῥῖψε ποδὸς τεταγὼν ἀπὸ βηλοῦ θεσπεσίοιο.*

Et iratus fuit uxori et suspendit illam: numquid occidit? Tu Messalinam, cuius aeque auunculus maior eram quam tuus, occidisti. -Nescio, inquis. -Di tibi male faciant! adeo istuc turpius est, quod nescisti, quam quod occidisti. ***2*** *C. Caesarem non desiit mortuum persequi. Occiderat ille socerum: hic et generum. Gaius Crassi filium uetuit Magnum uocari: hic nomen illi reddidit, caput tulit. Occidit in una domo Crassum, Magnum, Scriboniam, /Tristionias, Assarionem,/ nobiles tamen, Crassum uero tam fatuum, ut etiam regnare posset.*

Dize-me, divino Cláudio[256], por que motivo algum destes, os quais e as quais mataste antes de tomar conhecimento das razões, antes de ouvi-los, por que razão os condenaste? Em que lugar costuma acontecer isso[257]? No céu não acontece.

XI. 1 Eis aqui Júpiter, que por numerosos anos reina e que uma vez quebrou a perna de Vulcano, Júpiter que *Ῥῖψε ποδὸς τεταγὼν ἀπὸ βηλοῦ θεσπεσίοιο* (agarrou-o por um pé e levantou-o mais alto que o umbral dos deuses). E também estava com raiva da sua esposa e a suspendeu sobre o vazio[258]: acaso a matou? Tu mataste Messalina, cujo tio dos pais era eu, como tu eras tio dela. "Não tenho conhecimento", dizes[259]. Que os deuses te façam muito mal! É muito mais torpe não ter sabido do que tê-la matado[260]. **2** E ele não deixa de seguir os caminhos do morto Caio César[261]. Este havia assassinado o sogro. Aquele, também o genro. Caio proibiu que o filho de Crasso fosse chamado de Magno: Cláudio restituiu-lhe o nome, no entanto tirou-lhe a cabeça[262]. Matou, em uma só família, Crasso, Magno, Escribônia, os Tristiões, Assarião, todavia nobres e, na verdade, Crasso tão estúpido que também poderia ter reinado[263].

3 *Hunc nunc deum facere uultis? Videte corpus eius dis iratis natum. Ad summam, tria uerba cito dicat, et seruum me ducat.* ***4*** *Hunc deum quis colet? quis credet? Dum tales deos facitis, nemo uos deos esse credet. Summa rei, P.C., si honeste me inter uos gessi, si nulli durius respondi, uindicate iniurias meas. Ego pro sententia mea hoc censeo." Atque ita ex tabella recitauit:* ***5*** *"quandoquidem Diuus Claudius occidit socerum suum Appium Silanum, generos duos Magnum Pompeium et L. Silanum, socerum filiae suae Crassum Frugi, hominem tam similem sibi quam ouo ouum, Scriboniam socrum filiae suae, uxorem suam Messalinam et ceteros quorum numerus iniri non potuit, placet mihi in eum seuere animaduerti nec illi rerum iudicandarum uacationem dari, eumque quam primum exportari et caelo intra triginta dies excedere, Olympo intra diem tertium."* ***6*** *Pedibus in hanc sententiam itum est. Nec mora, Cyllenius illum collo obtorto trahit ad Inferos,*

Vnde negant redire quemquam.

3 Agora quereis torná-lo deus? Vedes o corpo dele, nascido de uma cólera divina. Em suma, diga ele sem travar três palavras e conduza-me como seu escravo. **4** Um deus? Este? Quem o honrará? Quem acreditará nele? Enquanto fazeis tais deuses, ninguém acreditará que vós sois deuses. Em suma, ó senadores, se me mantive de modo honroso entre vós, se eu nunca respondi a ninguém de forma mais dura, vingai minhas ofensas. Eu, em defesa de meu parecer, proponho isto", e desse modo leu de uma tábua: **5** "Visto que o divino Cláudio matou seu sogro Ápio Silano, seus dois genros, Magno Pompeio e Lúcio Silano, o sogro de sua filha, Crasso Frugi, homem tão similar a ele quanto um ovo a outro[264], a sogra de sua filha, Escribônia, sua esposa Messalina e outros cujo número não pôde ser alcançado, parece suficiente que ele seja castigado de forma rigorosa, nem lhe seja dado o perdão dos fatos a serem julgados e que na primeira ocasião ele seja deportado e que se retire do céu dentro de trinta dias e do Olimpo em três dias[265]." **6** Acatou-se este parecer. Sem demora, Cilênio[266], apertando o pescoço de Cláudio, arrasta-o para os infernos, *Vnde negant redire quemquam* (de onde negam que alguém volte)[267].

XII. 1 *Dum descendunt per uiam Sacram, interrogat Mercurius quid sibi uelit ille concursus hominum, num Claudii funus esset? Et erat omnium formosissimum, et impensa cura, plane ut scires deum efferri. Tubicinum, cornicinum, omnis generis aenatorum tanta turba, tantus conuentus, ut etiam Claudius audire posset.* ***2*** *Omnes laeti, hilares; populus romanus ambulabat tanquam líber. Agatho et pauci causidici plorabant, sed plane ex animo. Iurisconsulti e tenebris procedebant, pallidi, graciles, uix animam habentes, tanquam qui tum maxime reuiuiscerent. Ex his unus cum uidisset capita conferentes et fortunas suas deplorantes causidicos, accedit et ait: "Dicebam uobis: non semper Saturnalia erunt."* ***3*** *Claudius, ut uidit funus suum, intellexit se mortuum esse. Ingenti enim μεγάλῳ χορικῷ naenia cantabatur anapaestis:*

XII. 1 Enquanto descem pela via Sacra[268], Mercúrio[269] interroga-se o que significaria ali aquele encontro de homens, acaso seria o enterro de Cláudio? Não só era o funeral todo ele o mais formoso, como também era extremo o interesse, que perfeitamente se sabia que um deus era enterrado. Tão grande multidão de todo o gênero de músicos, de tocadores de trombetas e de cornetas, tão grande aglomeração que até mesmo Cláudio podia ouvir[270]. **2** Todos felizes, bem-dispostos: o povo Romano andava como um povo livre. Ágato e uns poucos advogados choravam, mas inteiramente de coração[271]. Os jurisconsultos saíam das sombras, pálidos, franzinos, tendo apenas a vontade, como exatamente alguém que então tornasse à vida. Um desses juízes, como teria visto os advogados que se reuniam e que choravam seus infortúnios, aproximou-se e disse-lhes: "Eu vos falava: não haverá para sempre as Saturnais[272]". **3** Cláudio, ao ver seu enterro, compreendeu que morrera. Com efeito, em poderoso grande coro (*μεγάλῳ χορικῷ*), era cantada uma nênia em versos anapésticos[273]:

"Fundite fletus!
Edite planctus!
Resonet tristi
Clamore Forum:
Cecidit pulchre
Cordatus homo,
Quo non alius
Fuit in toto
Fortior orbe.
Ille citato
Vincere cursu
Poterat celeres,
Ille rebelles
Fundere Parthos
Leuibusque sequi
Persida telis,
Certaque manu
Tendere neruum
Qui praecipites
Vulnere paruo
Figeret hostes
Pictaque Medi
Terga fugacis.
Ille Britannos
Vltra noti
Litora ponti

Derramai lágrimas!
Espalhai os lamentos!
Retumbe com triste
Clamor o Fórum:
Morreu de forma bela
Um sensato homem,
Nenhum outro
Foi em todo o orbe
Mais valoroso.
Ele, com veloz
Passo, podia
Vencer os velozes,
Ele os rebeldes
Partos podia
Derrotar e com rápidos
Dardos perseguir
Os Persas; e com
Mão firme retesar
A corda do arco
Que traspassaria
Com ligeira flecha
Os ousados inimigos
E as costas pintadas
Dos fugitivos Medos[274].
Ele, aos Britanos
Além do litoral
Do conhecido mar,

Et caeruleos
Scuta Brigantas
Dare romuleis
Colla catenis
Iussit et ipsum
Noua romanae
Iura securis
Tremere Oceanum.
Deflete uirum,
Quo non alius
Potuit citius
Discere causas,
Vna tantum
Parte audita,
Saepe et neutra.
Quis nunc iudex
Toto lites
Audiet anno?
Tibi iam cedet,
Sede relicta,
Qui dat populo
Iura silenti,
Cretaea tenens
Oppida centum

E aos escudos
Dos Brigantes azuis,
Impôs curvarem a cabeça
Às prisões de Roma,
E às novas leis
Do poderio Romano
Fazer tremer
O próprio Oceano[275].
Lastimai este homem,
Pois nenhum outro
Pôde com mais rapidez
Conhecer os processos,
Apenas uma parte
Sendo ouvida ou,
Às vezes, nenhuma.
Qual juiz agora
Demandas ouvirá
O ano todo?
Ceder-te-á agora,
Deixado de lado o assento,
Aquele que dá as leis
ao povo sem voz,
A ti, senhor de cem
Cidadelas em Creta[276].

Caedite maestis
Pectora palmis,
O causidici,
Venale genus!
Vosque, poetae,
Lugete, noui;
Vosque in primis
Qui concusso
Magna parastis
Lucra fritillo!"

XIII. 1 *Delectabatur laudibus suis Claudius et cupiebat diutius spectare. Inicit illi manum Talthybius deorum et trahit capite obuoluto, ne quis eum possit agnoscere, per Campum Martium, et inter Tiberim et uiam Tectam descendit ad Inferos.* ***2*** *Antecesserat iam compendiaria Narcissus libertus ad patronum excipiendum, et uenienti nitidus, ut erat a balineo, occurrit et ait: "Quid di ad homines?" "__Celerius!" inquit Mercurius, "et uenire nos nuntia." Dicto citius Narcissus euolat.* ***3*** *Omnia procliuia sunt, facile descenditur. Itaque, quamuis podagricus esset, momento temporis peruenit ad ianuam Ditis, ubi iacebat Cerberus uel ut ait Horatius, "belua centiceps".*

Os peitos golpeai
Com tristes mãos,
Ó advogados,
Raça venal!
E vós, poetas novos,
Gemei,
E sobretudo vós que,
Ao agitar o copo
De jogar, alcançais
Um grande lucro[277]."

XIII. 1 Cláudio se encantava com suas glórias e desejava avidamente assistir por mais tempo ao seu funeral. Taltíbio[278], o mensageiro dos deuses, lança a mão sobre ele e arrasta-o com a cabeça encoberta, para que ninguém possa reconhecê-lo, através do campo de Marte, e entre o Tibre e a via Tecta desce para os infernos[279]. **2** Havia já se adiantado por um caminho mais curto para receber o patrono o liberto Narciso[280], resplandecente como quem estava num banho, e aproxima-se daquele que chega e diz: "Quê? Deuses junto aos homens?" "Rápido. Anuncia que nós chegamos", diz Mercúrio. Mais depressa do que se diz[281], Narciso sai voando. **3** Todos os caminhos são morro abaixo e se desce facilmente[282]. Assim, ainda que estivesse com gota, em um rápido espaço de tempo Narciso chega à porta de Plutão, onde repousava Cérbero, ou como disse Horácio: "Animal de cem cabeças[283]."

Pusillum perturbatur (subalbam canem in deliciis habere adsueuerat) ut illum uidit canem nigrum, uillosum, sane non quem uelis tibi in tenebris occurrere. Et magna uoce: "Claudius" inquit "ueniet!" **4** *Cum plausu procedunt cantantes: "Εὑρήκαμεν, συγχαίρωμεν." Hic erat C. Silius consul designatus, Iuncus praetorius, Sex. Traulus, M. Heluius, Trogus, Cotta, Vettius Valens, Fabius, equites romani quos Narcissus duci iusserat. Medius erat in hac cantantium turba Mnester pantomimus, quem Claudius decoris causa minorem fecerat.* **5** *Ad Messalinam (cito rumor percrebuit Claudium uenisse) conuolant primi omnium liberti Polybius, Myron, Harpocras, Amphaeus, Pheronactus, quos Claudius omnes, necubi imparatus esset, praemiserat, deinde praefecti duo Iustus Catonius et Rufrius Pollio, deinde amici Saturninus Lusius et Pedo Pompeius et Lupus et Celer Asinius consulares, nouissime fratris filia, sororis filia, generi, soceri, socrus, omnes plane consanguinei, et agmine facto Claudio occurrunt.*

Narciso perturbava-se um pouco (acostumara-se com as delícias de ter um cachorro branco) porque viu aquele cão negro, cabeludo, que seguramente tu não desejarias[284] encontrar nas sombras. E em alto som diz: "Cláudio chegará!" **4** Com aplausos aparecem alguns que cantam: "nós o encontramos, alegremo-nos (*Εὑρήκαμεν, συγχαίρωμεν*)![285] Estavam ali Caio Sílio, cônsul designado, o pretor Junco, Sexto Traulo, Marco Hélvio, Trogo, Cota, Vétio Valente, Fábio, cavaleiros romanos que Narciso havia ordenado levar ao suplício[286]. Estava no meio daquela multidão dos que cantavam o ator Mnester, a quem Cláudio fizera mais baixo por uma questão de estética[287]. **5** Para junto de Messalina (logo a notícia de que Cláudio chegara espalhou-se) correm, antes de qualquer um, os libertos Políbio, Míron, Harpocras, Anfeo, Feronacto, os quais todos, para que em nenhum lugar fosse apanhado de surpresa, Cláudio enviara antes[288]. Logo depois dois prefeitos, Justo Catônio e Rufrio Polião[289]. Em seguida os amigos Saturnino Lúsio e Pedo Pompeio e Lupo e Celer Asínio, ex-cônsules[290]. E por último a filha do irmão, a filha da irmã, genros, sogros, sogras, todos sem dúvida alguma consaguíneos[291]. E, fazendo fila, avançam contra Cláudio.

***6** Quos cum uidisset, Claudius exclamat: "Πάντα φίλων πλήρη! Quomodo huc uenistis uos?" Tum Pedo Pompeius: "Quid dicis, homo crudelissime? Quaeris quomodo? Quis enim nos alius huc misit quam tu, omnium amicorum interfector? In ius eamus: ego tibi hic sellas ostendam."*

***XIV. 1** Ducit illum ad tribunal Aeaci. Is lege Cornelia quae de sicariis lata est, quaerebat. Postulat nomen eius recipiat, edit subscriptionem: "Occisos senatores XXXV, equites romanos CCXXI, ceteros ὅσα ψάμαθός τε κόνις τε." **2** Aduocatum non inuenit. Tandem procedit P. Petronius, uetus conuictor eius, homo claudiana lingua disertus, et postulat aduocationem. Non datur. Accusat Pedo Pompeius magnis clamoribus. Incipit patronus uelle respondere. Aeacus, homo iustissimus, uetat et illum, altera tantum parte audita, condemnat et ait: Αἴκε πάθοι τά τ΄ ἔρεξε, δίκη κ΄ἰθεῖα γένοιτο. **3** Ingens silentium factum est. Stupebant omnes, nouitate rei attoniti; negabant hoc unquam factum. Claudio magis iniquum uidebatur quam nouum.*

6 Ao vê-los, Cláudio exclama: "*Πάντα φίλων πλήρη!* (todo cheio de amigos!) Como vós viestes para cá[292]?" Então Pedo Pompeio fala: "O que dizes, homem crudelíssimo? Perguntas como? Quem, com efeito, nos enviou para aqui senão tu, assassino de todos os amigos? Vamos à justiça. Eu, aqui, te mostrarei as cadeiras dos magistrados."

XIV. 1 Conduziu-o ao tribunal de Éaco[293]. Este instruía um inquérito com base na lei Cornélia, que foi decretada a respeito de assassinos. Pedo solicita que acolha o nome de Cláudio e apresenta a acusação: 35 senadores assassinados, 221 cavaleiros Romanos e outros *ὅσα ψάμαθός τε κόνις τε* (tantos como a areia ou o pó)[294]. **2** Cláudio não encontra advogado de defesa. Finalmente se apresenta Públio Petrônio[295], velho comensal de Cláudio, homem hábil em falar na língua claudiana, e requere o ofício de advogar. Não é concedido. Pedo Pompeio acusa-o com grande indignação. O defensor de Cláudio começa a querer responder. Éaco, homem o mais justo, veta e, ouvida somente uma parte, condena Cláudio e diz: *Αἴκε πάθοι τά τ' ἔρεξε, δίκη κ'ἰθεῖα γένοιτο* (se sofres tuas próprias ações, far-se-á uma reta justiça)[296]. **3** Profundo silêncio se faz. Todos estavam estupefatos, atônitos com a novidade dessa situação, e diziam que isso nunca tinha sido pronunciado. Para Cláudio isso parecia mais injusto do que inesperado[297].

4 *De genere poenae, diu disputatum est quid illum pati oporteret. Erant qui dicerent Sisyphum iam diu laturam fecisse, Tantalum siti periturum nisi illi succurreretur, aliquando Ixionis miseri rotam sufflaminanda: non placuit ulli ex ueteribus missionem dari, ne uel Claudius unquam simile speraret.* ***5*** *Placuit nouam poenam constitui debere, excogitandum illi laborem irritum et alicuius cupiditatis speciem sine fine et effectu. Tum Aeacus iubet illum alea ludere pertuso fritillo. Et iam coeperat fugientes semper tesseras quaerere et nihil proficere.*

XV. 1 *Nam quotiens missurus erat resonante fritillo,*
Vtraque subducto fugiebat tessera fundo;
Cumque recollectos auderet mittere talos,
Lusuro similis semper semperque petenti,
Decepere fidem: refugit digitosque per ipsos
Fallax adsiduo dilabitur alea furto.
Sic, cum iam summi tanguntur culmina montis,
Irrita Sisyphio uoluuntur pondera collo.

2 *Apparuit subito C. Caesar et petere illum in seruitutem coepit. Producit testes, qui illum uiderant ab illo flagris, ferulis, colaphis uapulantem. Adiudicatur C. Caesari. Caesar illum Aeaco donat. Is Menandro liberto suo tradidit, ut a cognitionibus esset.*

4 Em relação ao tipo de pena, por muito se debateu a que fosse conveniente ele sofrer. Havia aqueles que diziam ter Sísifo feito o transporte por muito tempo, que Tântalo morreria daquela sede caso não fosse socorrido, que enfim seria preciso frear a roda do infeliz Ixíon[298]. Não foi do agrado o perdão ser concedido a nenhum dos antigos condenados, para que nem mesmo Cláudio algum dia tivesse esperança similar. **5** Decidiu-se que uma nova pena devesse ser estabelecida, devendo ser encontrado para ele um trabalho inútil, uma aparência de algum prazer sem fim e sem consequência. Então Éaco ordena-o a divertir-se com o jogo de dados com um copo furado[299]. E nesse instante Cláudio havia começado a buscar incessantemente os dados fugitivos e de nada adiantar.

XV. 1 De fato, todas as vezes que havia de lançá-los no
Retumbante copo, um e outro dado passava pelo
Fundo furado; e quando ousasse lançar os dados
Já recolhidos, semelhante sempre ao que vai jogar
E sempre ao que vai lançá-los, as peças enganam
Sua esperança: foge-lhe e por entre os dedos o pérfido
Dado escapa-se num ardil eterno. Assim, quando
Se tocam os mais altos pontos da montanha,
Caem rolando inúteis pesos do ombro de Sísifo.

2 Súbito, Caio César[300] apareceu e começou a reclamá-lo como seu escravo; apresentou testemunhas que tinham visto Cláudio sendo golpeado por César com chicotes, varas e murros[301]. É oferecido a Caio César. Calígula presenteia-o a Éaco. Este o passou a Menandro, um liberto seu, para que Cláudio fosse inquirido por ele[302].

NOTAS:

Página 135:

169 A palavra grega ἀποκολοκύντωσις significa "aboborização" ou "transformação em abóbora". O radical apo-, que aparece por exemplo em apoteose – transformação em deus –, juntou-se à palavra latina colocynthis, cujo significado é erva cabaça, da família das cucurbitáceas. A palavra latina cucurbita significa também abóbora. Como nesta obra senequiana não se trata de transformação literal do imperador Cláudio em abóbora, o termo adquire aqui os sentidos, também presentes nos dicionários, de bobo, de fraco, de tolo, de abestalhado.

170 Treze de outubro. Essa é a data oficial da morte de Cláudio. No calendário romano, os idos equivalem ao dia quinze nos meses de março, maio, julho e outubro. Nos demais meses, os idos correspondem ao dia treze.

171 *Quaerito ab eo qui Drusillam euntem in caelum uidit.* Literalmente, "procura da parte daquele que viu Drusila, que ia para o céu". O verbo *quaerito* é marca textual através da qual Sêneca se dirige a um interlocutor. No Latim, a estrutura da segunda pessoa é uma das possibilidades de se exprimir o sujeito indeterminado. Além disso, a segunda pessoa pode ser influência diatríbica, recurso em que o dirigir-se a um interlocutor fictício faz parte do jogo persuasivo, com a intenção de retomar uma idéia, comprová-la ou ilustrá-la, como na passagem.

Júlia Drusila, irmã de Calígula. Segundo os historiadores Suetônio e Dion Cássio, Calígula tentou divinizar a irmã Drusila e, para conseguir isso, subornou Lívio Gemino, encarregado de inspecionar a via Ápia, por onde os cortejos fúnebres de Augusto e de Tibério passaram. Lívio Gemino, depois de receber dinheiro de Calígula, jurou no Senado ter visto Drusila subir aos céus.

172 Observa-se no trecho ***Drusillam euntem in caelum idem Claudium*** uma aliteração de ***m*** que, por ser bilabial, associa-se ao efeito de parar e prosseguir, referindo-se à passagem seguinte em que Cláudio chega mancando, com passos desiguais.

Non passibus aequis é parte de um verso de Virgílio retirado da *Eneida* (II, 724), em que o pequeno Iulo se agarra à mão de Eneias e o segue "com passos desiguais", "trôpego". Sêneca alude à deficiência física de Cláudio.

Página 137:

173 *Et illi pro tam bono nuntio nemo credidit.* Trecho propositalmente ambíguo e irônico. Boa notícia divinizá-la ou, de forma irônica, boa notícia a irmã de Calígula ter morrido.

174 Febo é também o nome de Apolo. Entre várias atribuições, Febo é o deus da luz e considera-se o Sol o seu carro. Também é deus guerreiro, capaz de, com seu arco e suas flechas, enviar a morte a alguém. Cíntia é identificada na Grécia com Ártemis e em Roma possui também o nome de Diana. Ela representa a Lua, além de ser irmã de Febo (Sol). Como o irmão, é implacável nas suas vinganças. Em Petrônio (*Satyricon*, CXXII), Cíntia também se apresenta em versos que são paródia da alta poesia: *parte alia plenos extinxit Cynthia uultus/ et lucem sceleri subduxit* (em outra parte, Cíntia ocultou-se toda e afastou sua luz do crime).

Todo este trecho em versos é uma crítica à poesia frívola e afetada da época.

175 A sétima hora latina equivale ao meio-dia atual, hora oficial da morte de Cláudio. Tácito, nos *Anais* (XII, 69), apresenta também a informação: *Tunc medio diei tertium ante Idus Octobris, fortibus palatii repente diductis, comitante Burro Nero egreditur ad cohortem, quae more militiae excubiis adest* (então ao meio-dia do terceiro dia antes dos idos de outubro, de repente se abrem as portas do palácio, e Nero, seguido por Burro, dirige-se à coorte que ali fazia, de costume, a guarda).

Página 139:

176 Há na passagem um possível jogo de palavras com o vocábulo *anima*, devido ao caráter irônico do texto. No trecho *Claudius animam agere coepit nec inuenire exitum poterat*, o termo anima significa tanto sopro, vento, exalação, como também alma.

177 Identificado com o deus grego Hermes, Mercúrio protege os viajantes e os comerciantes. Portanto o trecho faz uma ironia ao tratamento dispensado por Cláudio às relações comerciais.

178 As Parcas são divindades do destino. Em número de três, Átropo, Cloto e Láquesis são representadas como fiandeiras na mitologia romana, imbuídas de regular a duração da vida desde o nascimento até a morte. Átropo fiava a vida, Cloto a enrolava e Láquesis a cortava, quando a existência de um ser chegava ao fim.

179 *Nec unquam tam diu cruciatus cesset?* Poder-se-ia traduzir a passagem por "Nem alguma vez, depois de tanto tempo de suplício, ele descansará?" Neste caso, o verbo *cesso, cessare*, que no trecho

está no presente do subjuntivo (*cesset*), traduz-se pelo futuro do presente do indicativo para manter a correlação verbal do português.

180 *Illum natum putauit.* A mesma ideia está presente também em Petrônio (*Satyricon,* LVIII): (...) *te natum non putat* (não te imagina nascido).

181 Virgílio, *Geórgicas,* IV, 90. No texto de Virgílio, aconselha-se um apicultor, quando na colmeia houver dois "reis", a matar o pior para que o melhor governe. Alusão a Cláudio e a Nero, o pior e o melhor, respectivamente, para Sêneca. Na passagem, Hermes aconselha a Parca a proceder como um apicultor. *Nex, necis* é morte violenta, assassinato.

182 Cláudio concedeu, além da cidadania, o direito de outros povos serem nomeados para o senado romano. Tácito (*Anais,* XI, 24) reproduz o discurso de Cláudio a respeito do assunto; também Dion Cássio (LX 17) faz menção ao assunto da cidadania.

183 *Vnus erat Augurini, alter Babae, tertius Claudii.* Sobre Baba, o mesmo Sêneca refere-se a ele nas *Cartas a Lucílio* (II, 15, 9) como um modelo que não deve ser seguido, devido à estupidez. Augurino é desconhecido, mas conjectura-se que Sêneca o tenha usado para formar o ABC (Augurino, Baba, Cláudio), em alusão à reforma do alfabeto promovida pelo Imperador.

Tácito afirma nos *Anais,* XI, 13: *ac nouas litterarum formas addidit uulgauitque, comperto Graecam quoque litteraturam non simul coeptam absolutamque* (e novas formas de letras [Cláudio] acrescentou e propagou, reconhecendo como certo que do mesmo modo as letras gregas não tinham sido empreendidas e completadas ao mesmo tempo). Ainda nos *Anais,* XI, 14, o historiador relata: *quo exemplo Claudius tres litteras adiecit, quae usui imperitante eo, post oblitteratae (...)* (Cláudio, seguindo o exemplo, acrescentou três letras que, estando em uso enquanto ele governou, depois esquecidas ...).

Suetônio também escreve sobre a reforma no alfabeto em *Cláudio,* 41: *nouas etiam commentus est litteras tres ac numero ueterum quasi maxime necessarias addidi*t (inventou três novas letras e as adicionou ao antigo número de letras, como se fossem muito necessárias).

Página 141:

184 Titono é esposo de Aurora. Ela, depois de vários amores, raptou-o e levou-o para a Etiópia, país do Sol nas antigas lendas. Aurora solicita a Zeus a imortalidade para Titono, mas se esquece de pedir em prol deste a eterna juventude. Por fim, Aurora transforma em cigarra Titono, envelhecido pelos anos.

Já Nestor vivera, segundo a mitologia, até uma idade muito avançada por vontade de Apolo, que por ter tirado a vida das tias e dos tios de Nestor, recompensou-o com o número de anos dos parentes. Sua idade avançada permitiu-lhe desempenhar o papel de conselheiro na *Ilíada*. Foi a ele que Menelau pediu conselho, logo após o rapto de Helena. Além disso, Nestor acompanhou Menelau por toda a Grécia enquanto este reunia os heróis.

Página 143:

185 O último período indica uma semelhança entre Apolo e Nero. O próprio imperador se dizia parecido com o deus, como relata Suetônio (*Nero*, 53): *quia Apollinem cantu, Solem aurigando aequiperare existimaretur (...)* (porque igual a Apolo no canto, ao guiar um carro tinha julgado comparar-se ao Sol...)

186 Verso de uma tragédia perdida de Eurípedes, citado por Cícero (*Tusculanas* 1, XLVII, 115). Enterrar logo o morto, isto é, livrar-se dele, é a intenção da passagem.

187 Ironia senequiana (*cum maiorem sonitum emisisset illa parte, qua facilius loquebatur*) com uma possível lei que permitia soltar flatulências à mesa com convidados. Cf. Suetônio (*Cláudio,* 32).

188 *Vae me! puto concacaui me.* Entre as características da menipeia, há a fusão do erudito com o coloquial. Na passagem, o termo chulo (*concacaui*) colocado na boca do imperador associa-se a uma estrutura formal. Da maneira como foi articulado, o período não apresenta o conectivo ***ut*** (*puto ut concacaui me*). Usando-se a conjunção ***ut***, ter-se-ia uma oração subordinada desenvolvida em *ut concacaui me.* Entretanto, mesmo com a ausência da conjunção, o verbo não se apresenta no infinitivo, como é praxe nas orações subordinadas reduzidas (*puto me concacare*). Dessa forma, em *puto concacaui* me há duas orações que se justapõem.

189 *Quod an fecerit, nescio.* Literalmente: Caso tenha feito isso, não sei. Na interrogativa indireta, o Latim usa frequentemente o subjuntivo (*fecerit*); o português, o indicativo: "Não sei se ele fez isso".

Página 145:

190 *Scitis enim optime.* Sêneca opta pela forma plural e quebra, assim, a uniformidade do texto ao utilizar o verbo *scitis.* Até então, ele preferira a forma singular ao se dirigir a um interlocutor. Infere-se no trecho a vontade de expressar com o plural o quanto a fama de Nero é positiva e extensa; pois, ao se dirigir a vários interlocutores, deixa claro que são muitos os que conhecem Nero.

191 *Herculem,* forma no acusativo. O verbo ordenar, com dois objetos, privilegia no Português o nome próprio como objeto indireto.

192 Hércules casou-se com Mégara, filha do rei de Tebas, Creonte. Num acesso de loucura, matou os filhos que tivera com a esposa e, após isso, consulta o oráculo de Delfos. Este ordena que Hércules se coloque à disposição de seu primo Euristeu e, sob as ordens do parente, realize doze trabalhos, que tinham como finalidade libertar o mundo de alguns monstros.

Página 147:

193 O herói mitológico é satirizado em todo o texto, e na passagem o termo greguinho é usado de forma pejorativa.

194 Várias vezes na *Odisseia,* Homero usa essa estrutura frasal para que uma personagem questione um estrangeiro de onde este vem. Na passagem há a intenção parodística.

195 Cláudio era um devoto da língua grega. Citava sempre versos de Homero no tribunal. Suetônio (*Cláudio,* 42) relata: *amorem praestantiamque linguae occasione omni professus. (...). Multum uero pro tribunali etiam Homericis locutus est uersibus* (e professava um poderoso amor em toda a ocasião pela língua [grega]. (...). Na verdade, pronunciava também muitos versos de Homero em seu tribunal).

196 Cláudio escreveu em grego a história dos Etruscos e a dos Cartagineses. Conforme Suetônio (*Cláudio,* 42), *denique et Graecas scripsit historias, Tyrrhenicon uiginti, Carchedoniacon octo* (enfim, escreveu vinte livros em grego acerca das Histórias dos Tirrênios e oito sobre a dos Cartagineses). Além disso, Cláudio escreveu a história de Roma a partir da morte de Júlio César, uma defesa de Cícero e a própria biografia. Cf. Suetônio, *Cláudio,* 41.

197 Verso da *Odisseia* (IX, 39). Cláudio responde a Hércules em grego como um sábio que se utiliza de passagens de Homero. Nesta citação, refere-se à ascendência troiana dos Júlios.

198 Ironia de Sêneca. Ele transcreve o verso seguinte da *Odisseia* (IX, 40) com o intuito de criticar o imperador pela destruição de Roma. Portanto, na passagem o termo Ἔνθα (lá) refere-se a Roma, numa insinuação de que a capital encontrava-se de forma caótica.

199 Divindade muito temida em Roma, principalmente nas regiões que permaneciam úmidas por muito tempo. Durante quase toda a infância e adolescência, Cláudio foi um doente. Suetônio (*Cláudio,* 2) relata que chegaram a considerá-lo inepto para qualquer função pública. *Infans autem relictus a patre ac per omne fere pueritiae atque adulescentiae tempus uariis et tenacibus morbis conflictatus*

est, adeo ut animo simul et corpore hebetato ne progressa quidem aetate ulli publico priuatoque muneri habilis existimaretur (tinha ainda pouca idade quando lhe morreu o pai e durante quase toda a sua infância e a sua adolescência viu-se atacado de várias moléstias pertinazes que lhe enfraqueceram de tal modo o espírito que chegaram a considerá-lo inepto para toda e qualquer função pública ou privada).

Página 149:

200 Cidade francesa de Lyon, muitas vezes aportuguesada para Lião. Fundada em 43 a.C. pelos romanos com a designação de *Lugdunum*, era a capital da província da Gália, hoje a França.

201 Conjectura-se que seja Lúcio Munácio Planco, fundador em 43 a.C. da colônia romana de Lugduno.

202 Capital da Gália Narbonense, província do Império Romano que abrangia as atuais Provença e Languedoc (França).

203 Cláudio nasceu em Lugduno em 13 de agosto de 10 a.C. (Suetônio, *Cláudio,* 2).

204 Os Gauleses invadiram e saquearam Roma por volta de 390-387 a.C.

205 Procurador nomeado em Lugduno por Augusto. Dion Cássio (LIV, 21) relata que Licino exercera o cargo tiranicamente. Sêneca (*Cartas a Lucílio*, XX, 119) e Marcial (VIII, 3) o retratam como símbolo de riqueza.

206 Por metonímia, o Xanto – um dos principais rios da antiga província romana da Lícia, na Ásia Menor – refere-se aí a Troia; o Ródano, a Lugduno, pois banha esta cidade.

207 Cláudio balbuciava ao falar e era predisposto à raiva e ao ressentimento. *Irae atque iracundiae conscius sibi, utramque excusauit edicto distinxitque* (como se sentisse predisposto à cólera e ao ressentimento, pedia desculpas destes dois defeitos num édito), como escreve Suetônio em *Cláudio,* 38.

208 Frase proverbial indicando que não há facilidade no céu. No Latim *ubi mures ferrum rodunt* há uma assonância do *u* e uma aliteração do *r*. Conservou-se, em português, a aliteração com o *r*.

209 Sêneca parodia com Hércules o estilo da tragédia.

Página 151:

210 Para depreciar a figura de Hércules, Sêneca emprega de forma ambígua o termo *stipite* (*stipes, stipitis*), que significa tronco, estaca, bastão, mas também apresenta o sentido figurado de imbecil, estúpido. Cícero (*De Haruspicum Responsis,* 5) escreve *Itaque eum numquam a me esse*

accusandum putaui, non plus quam stipitem illum qui quorum hominum esset nesciremus, nisi se Ligurem ipse esse diceret (E dessa maneira, julguei que ele nunca deveria ser acusado por mim, não mais do que aquele imbecil que desconhecíamos de que gênero de homem seria, a não ser que dissesse ele próprio ser um Lígure). Também Petrônio (*Satyricon*, 43, 5) usa o termo com o sentido pejorativo: *Et ille stips, dum fratri suo irascitur, nescio cui terrae filio patrimonium elegauit* (E aquele imbecil, durante o tempo que se irrita com seu irmão, deixou o patrimônio a um filho não sei de quem).

211 Referência ao aspecto físico de Cláudio e também às suas hesitações nas decisões tomadas.

212 Dos doze trabalhos, o décimo foi matar o gigante Gerion, monstro de três corpos, seis braços e seis asas, e tomar-lhe os bois que se achavam guardados.

213 Rio Saône, atualmente. Rio do oriente da França, afluente do rio Ródano. César (*De Bello Gallico*, 1,12,1) define-o como um rio de incrível suavidade: *Flumen est Arar, quod per fines Haeduorum et Sequanorum in Rhodanum influit, incredibili lenitate* (há o rio Arar, que faz fronteira entre os Éduos e os Séquanos, e que deságua no Ródano com incrível suavidade).

214 Trocadilho com a expressão 'um golpe do deus', retomada de Homero (*Ilíada*, XVI, 816) e também utilizada pelos trágicos Ésquilo (*Agamêmnon*, 367) e Sófocles (*Ájax*, 137), aqui parodiada.

215 *Gallum in suo sterquilino plurimum posse.* Período que apresenta propositalmente uma ambiguidade relacionada ao mundo animal e às origens de Cláudio.

Página 153:

216 Referência ao templo de Hércules em Tíbur, onde Cláudio muitas vezes exercia a Justiça. Suetônio (*Cláudio*, 14) relata: *ius et consul et extra honorem laboriosissime dixit, etiam suis suorumque diebus sollemnibus, nonnumquam festis quoque antiquitus et religiosis* ([Cláudio] exerceu a justiça com muito zelo, mesmo durante os dias solenes para si e para os seus e, muitas vezes, mesmo durante as festas e as cerimônias que remontavam à mais alta antiguidade).

217 Quinto trabalho de Hércules. O herói limpou em um dia os currais do rei Áugias, que continham três mil bois e que havia trinta anos que não eram limpos. Estavam tão fedorentos que exalavam um gás mortal. Para limpá-los, Hércules desviou o curso de dois rios.

218 Há uma lacuna no texto original. A continuação apresenta o concílio dos deuses. Infere-se que Cláudio conseguira o apoio de Hércules para sua apoteose, e os deuses discutem a respeito disso.

219 Cláudio, Hércules e divindades estão em uma espécie de Cúria celestial, paródia do Senado Romano. Infere-se que uma das divindades se dirige a Hércules a respeito de Cláudio, uma vez que o herói dos doze trabalhos está, a partir da passagem, a favor da divinização do imperador.

220 Ironia em relação à balbúrdia provocada por Cláudio no Olimpo, reflexo de sua conduta na Terra.

221 Os estoicos identificavam os deuses e a sabedoria à esfericidade do universo. Na passagem, Sêneca alude a uma sátira menipeia de Varrão, em que se ironiza também o estoicismo.

222 As Saturnais romanas eram festas em dezembro em honra ao deus Saturno, associado à paz e à opulência, em que a ordem social vigente era quebrada e em que se permitiam alguns excessos. Segundo Suetônio (*Cláudio,* 32), o imperador ofereceu muitas festas o ano todo. *Conuiuia agitauit et ampla et assidua ac fere patentissimis locis, ut plerumque sesceni simul discumberent* (ofereceu notáveis e repetidos festins, e quase sempre em lugares tão espaçosos que, ordinariamente, tomavam assento neles, ao mesmo tempo, seiscentos convivas).

Página 155:

223 Lúcio Silano era noivo de Otávia, filha de Cláudio. Agripina, mãe do futuro imperador Nero, preparou intrigas incestuosas em relação a Silano e à irmã deste, Júnia Calvina. Cláudio o condenou, e este se matou no dia do casamento do Imperador com Agripina. Cf. Tácito (*Anais,* XII, 8): *Die nuptiarum Silanus mortem sibi consciuit, siue eo usque spem uitae produxerat, seu delecto die augendam ad inuidiam* (no mesmo dia das núpcias se matou Silano, ou porque até aquele tempo ainda conservasse algumas esperanças de escapar, ou porque de propósito o escolhesse para fazer recair maior ódio sobre os seus inimigos). Suetônio (*Cláudio,* 29) também cita o caso. Infere-se da passagem que Cláudio mostra-se contrário a Júpiter, pois o deus manteve relações com Juno, a própria irmã; entretanto, o próprio Cláudio também teve seu casamento com Agripina, sua sobrinha, legalizado pelo Senado Romano, porque se constituía em incesto pelas leis romanas.

224 Há, no Latim, uma paronomásia (*stulte, stude*). Tentou-se, em português, sugerir uma assonância com **in**sensato, **in**strui-te.

225 Cornélio Nepos, em *Cimon,* I, 2, nos diz que o casamento entre irmãos do mesmo pai era admitido em Atenas, portanto a metade citada no texto: *[Cimon] habebat autem matrimonio sororem germanam suam nomine Elpinicen, non magis amore quam more ductus. Namque Atheniensibus licet eodem patre natas uxores ducere* ([Cimon] tinha, todavia, a sua irmã de nome Elpinice por esposa, o uso disso não mais por amor do que por costume. Com efeito, aos atenienses era

permitido aos pais mesmos tomarem as filhas como esposas). No Egito, a lei permitia para todos o casamento entre parentes.

226 Referência a outra frase proverbial dita por Hércules (*os ratos roem o ferro*). Ironia senequiana com as condições de Roma na época, com leis rígidas, mas com os costumes licenciosos.

227 Alusão irônica às traições de Messalina, esposa de Cláudio anterior a Agripina. Segundo os historiadores, Cláudio ignorava o que fazia Messalina. Tácito nos seus *Anais* (XI, 13) escreve: *At Claudius matrimonii sui ignarus...* (mas Cláudio ignorado de seu casamento...). Suetônio não deixa por menos em *Claúdio*, 29 ao nos informar: *Nam illud omnem fidem excesserit quod nuptiis, quas Messalina cum adultero Silio fecerat, tabellas dotis et ipse consignauerit, inductus, quasi de industria simularentur ad auertendum transferendumque periculum, quod imminere ipsi per quaedam ostenta portenderetur* (o que parece incrível é que, na questão do casamento de Messalina com o adúltero Sílio, ele (Cláudio) tivesse assinado de seu próprio punho as pranchetas do contrato, na certeza de que se tratava de uma simulação arranjada com o fim de afastar e de desviar para cima de outra cabeça um perigo de que ele próprio se achava ameaçado, pela manifestação de alguns prodígios).

228 *Caeli scrutatur plagas.* Fragmento do poeta Ênio (*Iphigênia*). Cícero cita este fragmento de Ênio em *De Re Publica*, I, 30 e em *De Diuinatione*, II, 13, 30.

229 O templo ficava em Camaloduno, na Bretanha. Tácito nos seus *Anais* (XIV, 31) informa que os habitantes consideravam o templo como um símbolo da escravidão imposta por Roma. *Ad hoc templum diuo Claudio constitutum quasi arx aeternae dominationibus adspiciebatur, delectique sacerdotes specie religionis omnes fortunas effundebant* (acrescia ainda outro motivo, qual era o considerarem o templo, dedicado ao divino Cláudio, como um monumento da sua eterna servidão, e o verem que os sacerdotes com mil pretextos religiosos lhe comiam quanto tinha).

230 Sobre esta passagem, a edição estabelecida pela editora *Les Belles Lettres* confirma a difícil interpretação das palavras gregas.

Página 157:

231 Literalmente: "vem à mente de Júpiter não ser permitido".

232 Para os romanos, a Cúria era de suma importância, pois nesse templo as autoridades senatoriais reuniam-se, formulavam e debatiam as leis romanas. No trecho citado, Sêneca evidencia a distinção entre os políticos e as pessoas comuns, representadas por Cláudio.

233 Um dos deuses romanos mais antigos. Possui dois rostos, um virado para frente e outro para trás, o que lhe permite analisar tudo sob todos os aspectos. De seu nome vem janeiro, o primeiro mês, que metaforicamente olha para o passado e projeta-se para o futuro. A palavra latina *ianua* (porta) é também derivada de Jano. Em Roma, a porta de seu templo permanecia aberta em tempos de guerra, para que o deus pudesse socorrer os romanos, se necessitassem. No texto é particularmente irônica a presença de Jano, no sentido de salvar os romanos ao votar contra a transformação de Cláudio em deus.

234 Segundo o costume romano, os cônsules trabalhavam na parte da manhã e folgavam à tarde. Como Jano é cônsul da tarde, Sêneca ironiza o trabalho político.

235 Referência a Homero (*Ilíada,* III, 109). Na obra grega, a expressão é aplicada a Príamo.

236 Alusão sarcástica à verborragia dos políticos.

237 Ou seja, a transformação de Cláudio em deus será algo ridiculamente grotesco, um embuste total, sem nenhum valor.

238 Citações de Homero retiradas da *Ilíada* VI 142 (comem os frutos da Terra) e *Ilíada* II 548, *Odisseia* XI 309 (a fecunda terra). Referência poética aos homens.

239 Entre os antigos romanos, as Larvas eram um espírito malfazejo de um morto que vagueava entre os vivos para aterrorizá-los.

Página 159:

240 Diéspiter: pai da luz. Antiga divindade confundida posteriormente com Júpiter.

Vica Pota: deusa da vitória, mãe de Diéspiter. Ambos são deuses genuinamente romanos.

241 Nova referência à venda de cidadania, apreciada por Cláudio.

242 Como costume romano, tocava-se a parte de baixo da orelha para se ter alguém como testemunha. Plínio (*Historia Naturalis,* XI, 103) considera a orelha a sede da memória: *Est in aure ima memoriae locus, quem tangentes antestamur* (é no pé da orelha o local da memória, local que tomamos por testemunha ao tocá-la). Horácio também faz menção ao costume em *Sermones,* I, 9, 77: *'Licet antestari?' Ego uero oppono auriculam.* ('posso tomar-te por testemunha?' Eu, na verdade, apresento a orelha).

243 Observe-se que Diéspiter já trata Cláudio como 'divino', apostando assim na própria argumentação para transformá-lo em deus.

244 Lívia, avó de Cláudio, fora divinizada no início do governo deste imperador. Suetônio diz em *Cláudio,* 11: *Auiae Liuiae diuinos honores et circensi pompa currum elephantorum Augustino similem decernenda curauit* (concedeu à sua avó Lívia honras divinas e, na pompa do Circo, um carro de elefantes semelhante ao carro de Augusto). Cláudio é filho de Antônia (filha de Otávia, irmã de Augusto) e de Druso (filho do primeiro casamento de Lívia, a qual depois se casou com Augusto).

245 Rômulo foi divinizado. Cf. *Metamorfoses,* 772-828, de Ovídio. Ainda assim, segundo as tradições, Rômulo continuou a alimentar-se frugalmente. Marcial relata isso em *Xênia* (XIII),16: *Haec tibi brumali gaudentia frigore rapa/ quae damus, in caelo Romulus esse solet* (estes rábanos, apreciadores do frio invernal,/ que te damos, costuma-os comer Rômulo no céu). Sêneca, assim, rememora ironicamente os hábitos alimentares e a 'sabedoria' de Cláudio. Relata Suetônio, *Cláudio,* 33: *Cibi uinique quocumque et tempore et loco appetentissimus* (a qualquer hora e estivesse onde estivesse, sentia sempre grande vontade de comer e de beber).

246 Nas *Metamorfoses,* de Ovídio, já havia, como dito, a apoteose de Rômulo. Além disso, constava também a transformação em deus de César e a futura apoteose de Augusto. Note-se que os dizeres de Diéspiter estão em oposição aos de Jano, e isso se dá principalmente no que se refere à comida, pois Rômulo é deus e, mesmo assim, é um daqueles que comem os frutos da Terra, na citação da *Ilíada,* VI, 142.

247 Ou seja, Hércules estava correndo o risco de suas artimanhas não darem certo, daí a metáfora do ferro no fogo.

248 *Modo huc modo illuc* é parte de um verso de Catulo (3,9). Apesar de ser uma expressão comum no Latim, é significativo aqui citar o poema de Catulo, porque ele será retomado adiante por Sêneca.

249 O usual adágio popular "uma mão lava a outra", dito aqui por Hércules. Esse provérbio presentifica a característica da menipeia de mesclar o grandioso, Hércules, com expressões populares. No trecho, Sêneca faz crítica aos políticos e aos seus interesses pessoais em detrimento dos interesses coletivos. Também Petrônio (*Satyricon,* 45,13) escreve: *'Munus tamen', inquit, 'tibi dedi': 'Et ego tibi plodo. Computa, et tibi plus do quam accepi. Manus manum lauat'* ('eu dei um bom espetáculo a ti'; e eu te aplaudi. Faze as contas, eu dou a ti mais do que recebi. Uma mão lava a outra'.)

Página 161:

250 Há uma mudança no tom com o discurso de Augusto. Deixa-se de lado o tom jocoso e assume-se uma inflexão mais séria, com uma ironia mais sutil. Percebe-se, ainda, que Sêneca deixa extra-

vasar sua fúria pessoal contra Cláudio. O discurso de Augusto pode ser lido como um libelo de Sêneca contra Cláudio.

251 Nos *Anais,* VI, 11, Tácito relata que, com a vastidão do Império, Augusto elegeu um magistrado para que tivesse todo o direito de castigar os escravos. Messala Corvino foi o primeiro eleito por Augusto, mas em poucos dias deixou o cargo alegando pouca aptidão para o ofício.
Em *Augusto,* 58, Suetônio afirma que Messala toma a iniciativa de outorgar a Augusto o nome de 'Pai da Pátria'.

252 Os ataques de Augusto são diretos a Cláudio, que parece estar novamente na Cúria.

253 *Nam, etiam si sormea graece nescit, ego scio.* Segundo a edição estabelecida pela Les Belles Lettres, *sormea* é palavra ininteligível. Outras edições consideram *soror mea,* traduzido então para "minha irmã". Augusto, apesar de não falar o grego correntemente nem escrever, estudara a língua grega com Apolodoro de Pérgamo. Cf. Suetônio, *Augusto,* 89. Caso se pensar na hipótese de *soror mea,* Augusto faz um elogio a si mesmo e deprecia sua irmã, citada por Diéspiter, por esta não saber o grego. Com o provérbio – o joelho está mais perto do que a panturillha – expresso por Augusto, Sêneca indica que trará à tona a vida familiar de Cláudio e que o atacará diretamente.

254 Júlia Livila, filha de Germânico, foi acusada de conduta imoral. Ela foi desterrada e privada de alimentar-se. Considerava-se Sêneca entre seus amantes, sendo essa acusação um dos motivos do exílio do filósofo. A segunda Júlia era filha de Druso e foi acusada de adultério. *Iuliasque, alteram Drusi, alteram Germanici filiam, crimine incerto nec defensione ulla data occidit* (matou as duas Júlias, uma filha de Druso, outra de Germânico, sob acusações vagas e sem lhes conceder o direito de defesa), conforme Suetônio, *Cláudio,* 29. Tácito, *Anais,* XIII, 32 e Dion Cássio, 18, 4 também relatam o acontecido.

255 Silano era filho de Emília Lépida, neta de Júlia, filha de Augusto. Cf. Tácito, *Anais,* XII, 3, 4, 8; Suetônio, *Cláudio,* 29; Dion Cássio, 31, 8.

Página 163:

256 Diferentemente de Diéspiter, Augusto ironiza Cláudio com a palavra "divino", depois de este ter mandado matar várias pessoas sem ao menos saber os motivos.

257 Referência aos hábitos de Cláudio, irresponsável e imprevisível ao condenar indivíduos sem dar a eles a oportunidade de defesa. *Absentibus secundum praesentes facillime dabat, nullo dilectu*

culpane quis an aliqua necessitate cessasset (pronunciava-se facilmente a favor dos presentes contra os ausentes, sem verificar se esta ausência era voluntária ou imperativa), em Suetônio, *Cláudio,* 15.

258 Citação de Homero, *Ilíada,* I, 591, seguida de uma menção a outra passagem da *Ilíada,* XV, 18, 24.

259 Messalina era filha de Barbato Messala, primo de Cláudio, como dito por Suetônio, *Cláudio,* 26. Na passagem, há um argumento de Augusto para que não se faça de Cláudio um deus quando compara a atitude de Júpiter, deus supremo, às atitudes e esquecimentos de Cláudio, incompatíveis com a divindade.

260 Alusão à indiferença de Cláudio em relação, neste caso, à morte de Messalina. Suetônio (*Cláudio,* 39) assim diz: *Inter cetera in eo mirati sunt homines et obliuionem et inconsiderantiam* (causava espanto, entre outras coisas, a sua faculdade de esquecer e a sua irreflexão). Sobre Cláudio e a morte de Messalina, Tácito (*Anais,* XI, 38) escreve desta forma: *(...) ullius denique humani adfectus signa dedit, non cum laetantis accusatores aspiceret, non cum filios maerentis* [(...) conservou-se sempre insensível a todos os sentimentos naturais, quer visse os acusadores exultando de alegria, quer seus próprios filhos abismados em pranto].

261 Caio César é Calígula. *C. Caesarem non desiit mortuum persequi.* O período refere-se à passagem anterior como à posterior. Calígula esquecia-se de que matara pessoas, como diz Suetônio (*Calígula,* 26): *citare nihilo minus ut uiuos perseuerauit, paucos post dies uoluntaria morte perisse mentitus* (sem embargo, continuou a referir-se às vítimas como se estas estivessem vivas ainda; poucos dias decorridos, atribuía-lhes mentirosamente uma morte voluntária). Calígula obrigou Marco Júnio Silano, seu sogro, a matar-se. Cf. Suetônio, *Calígula,* 23. Da mesma forma, Cláudio fez matar Ápio Silano, seu sogro, e os genros Cneu Pompeio e Lúcio Silano. Cf. Suetônio, *Cláudio,* 29.

262 Cneu Pompeio, citado na nota anterior. Segundo Suetônio (*Calígula,* 35), Calígula anulou os títulos de família de nobres e cassou o cognome Magno do nobre Cneu Pompeio, sendo que isso fora feito na ânsia de ser o único com poder. *Vetera familiarum insignia nobilissimo cuique ademit, Torquato torquem, Cincinnato crinem, Cn. Pompeio stirpis antiquae Magni cognomen* (cassou aos mais nobres cidadãos seus antigos títulos de família. A Torquato, o colar. A Cincinato, a cabeleira. A Cneu Pompeu, de antiga estirpe, o cognome de Magno).

263 Tristiões e Assariões são nomes desconhecidos, talvez alterados nos manuscritos. Crasso era pai de Cneu Pompeio Magno, genro de Cláudio. Escribônia era a esposa de Crasso e mãe de Cneu Pompeio Magno.

Página 165:

264 Nova comparação de Crasso Frugi a Cláudio, em que ambos são considerados ineptos para realeza que possuíam.

265 Julgado ao próprio estilo: sem deixar o réu se defender. O longo discurso de Augusto, parecido mais com um desabafo de Sêneca, chega ao fim.

266 *Cyllenius.* Monte Cilene, no qual nasceu Mercúrio. CF. *Dicionário de Mitologia Grega e Romana,* de Pierre Grimal. No texto latino, *Cyllenius* por metonímia é Mercúrio.

267 *Vnde negant redire quemquam* é verso extraído de Catulo (3, 12). Catulo, ao referir-se à morte do pássaro de sua amada Lésbia, indica que o animal não pode retornar do inferno. Sêneca, ironicamente, faz a mesma referência, trocando o pássaro de Lésbia por Cláudio.

Página 167:

268 A Via Sacra, estrada mais importante em Roma, corria pelo Fórum romano. As cerimônias sagradas e políticas mais significantes da antiga cidade aconteceram ali, e a mais evocativa destas era, certamente, a Procissão Triunfal. Mercúrio e Cláudio vão à direção do Campo de Marte, em que se acreditava haver uma entrada para os infernos.

269 Mercúrio é também denominado de psicopompo, aquele que transporta as almas para o inferno.

270 O enterrro de Cláudio se fez com a mesma pompa do funeral de Augusto. Segundo Tácito (*Anais,* XII, 69), *caelestesque honores Claudio decernuntur et funeris sollemne perinde ac diuo Augusto celebratur* (decretaram-se a Cláudio as honras celestes e o seu funeral se fez com a mesma pompa com que já se havia feito o de Augusto). Suetônio também faz menção à morte de Cláudio em *Cláudio,* 45. O imperador foi incluído no rol dos deuses e foi privado dessa honra logo depois por Nero. Na passagem acima, Sêneca ironiza o tamanho estrondo que produziam os músicos, de forma que até o Cláudio, morto, poderia ouvir.

271 Ágato é desconhecido. Tácito (*Anais,* XI, 5) relata: *nec quicquam publicae mercis tam uenale fuit quam aduocatorum perfidia* (com efeito, nunca houve coisa alguma tão venal como a perfídia dos advogados daquele tempo). Cláudio dava condições favoráveis a alguns advogados e exercia opressão sobre juízes, ele mesmo sendo juiz em várias ocasiões e desprestigiando o trabalho dos magistrados.

272 As Saturnais funcionavam como uma restauração provisória do reino de Saturno, deus romano da agricultura e das sementeiras. Iam de 17 a 24 de dezembro e a ordem social vigente era

quebrada, permitindo-se alguns excessos. A frase citada no texto alude à anarquia do governo de Cláudio.

273 Nênia é um canto fúnebre. Verso anapéstico significa verso grego ou latino formado de três sílabas, as duas primeiras breves e a última longa. Cícero, *De Legibus*, II, 62, diz que nênia era um canto lúgubre, em que não só se lamentava, como também se convidava a chorar a morte de um homem ilustre. Além disso, cantavam-se seus júbilos. *Honoratorum uirorum laudes in contione memorentur, easque etiam <et> cantus ad tibicinem prosequatur, cui nomen neniae, quo uocabulo etiam <apud> Graecos cantus lugubres nominantur* (as glórias dos homens honrados eram lembradas na assembleia, e junto do flautista as acompanhava um canto, cujo nome era nênia e pelo mesmo vocábulo também junto aos gregos os cantos lúgubres foram nomeados). Como não há registros de nênias, deduz-se que Sêneca parodia o canto fúnebre, porque não se cantam os júbilos de Cláudio, mas seus defeitos.

Página 169:

274 Os Romanos enfrentaram muitas vezes os Partos, também chamados de Persas ou Medos, e sob Cláudio não foi diferente (Tácito, *Anais*, XII, 44). Povo da Cítia, os Partos tomaram a região romana de 250 a.C. a 226 a.C. Crasso foi derrotado em Carras e morto enquanto negociava com eles no século I a.C. Os romanos sentiram-se afrontados e quiseram se vingar. Horácio nas *Odes*, I, 2, assim declara: *hic magnos potius triumphos,/ hic ames dici pater atque princeps,/ neu sinas Medos equitare inultos/ te duce, Caesar* (mais te aprazam aqui os grandes triunfos,/ príncipe e pai; nem permitas jamais / cavalgar impune o Persa,/ sendo tu o comandante, César).

Página 171:

275 Em 43 d.C. Cláudio realizou o triunfo sobre a Bretanha, única expedição realizada por ele. Suetônio (*Cláudio*, 17) relata: *atque inter hostilia spolia naualem coronam fastigio Palatinae domus iuxta ciuicam fixit, traiecti et quasi domiti Oceani insigne* (entre os despojos inimigos colocou, à frente do seu palácio, uma coroa naval ao lado duma coroa cívica, para assinalar que ele atravessara e, por assim dizer, domara o oceano). César (*De Bello Gallico*, V, 14) cita os guerreiros de pele azul: *Omnes uero se Britanni uitro inficiunt, quod caeruleum efficit colore* (verdadeiramente, todos os Britanos tingem-se com a planta pastel, que produz a cor azul).

276 Minos, Rei de Creta e um dos três juízes do inferno, onde tinha assento para julgar as almas dos mortos como legislador.

Página 173:

277 Advogados, poetas novos e jogadores são aqueles que de fato deveriam chorar a morte de Cláudio. Sêneca termina a nênia de forma bastante depreciativa em relação a Cláudio.

Primeira referência ao jogo, tão apreciado por Cláudio. Cf. Suetônio, *Cláudio,* 33: *Aleam studiosissime lusit, de cuius arte librum quoque emisit* (teve muita predileção pelos jogos de azar e, a este respeito, escreveu um tratado).

278 Taltíbio, arauto de Agamêmnon, participou da Guerra de Troia. Taltíbio era considerado protetor do direito internacional e possuía um santuário em Esparta. Sêneca utiliza-se de dois nomes para a mesma função de transporte: Mercúrio e Taltíbio.

279 Lugar em que se acreditava descer aos infernos, em contraposição à Via Ápia, cortejo para os deuses.

280 Narciso era o encarregado da correspondência imperial e morreu pouco depois de Cláudio, mas chegou antes desse ao inferno porque se suicidou a mando de Agripina. Aliviava de problemas de gota no balneário em Sinuessa, na Campânia, quando foi instado a matar-se. Cf. Tácito, *Anais,* XII, 66. Narciso era leal a Cláudio, e por isso a surpresa de ver um deus no inferno junto a homens.

281 Horácio, *Sermones,* 2, 2, 80.

282 *Omnia procliuia sunt, facile descenditur* segue o mesmo padrão de *facilis descensus Auerno*, da *Eneida,* VI, 126. Na obra de Virgílio, a Sibila diz a Eneias: "Ó Troiano, filho de Anquises, (...), fácil é a descida para o Averno: noite e dia está aberta a porta do sombrio". Aqui, todavia, Sêneca parodia o gênero épico.

283 Plutão: deus dos infernos, o mesmo que Hades.

Cérbero: cão de três cabeças que guardava a entrada do Hades, impedindo os vivos de entrar e os mortos de sair. *Belua centiceps* é citação de Horácio retirada das *Odes* (II, 13, 34).

Página 175:

284 Depois de uma longa narração, Sêneca dirige-se novamente ao leitor.

285 Nos cultos a Ísis e a Osíris, celebravam-se os encontros com os deuses. Na passagem, o encontro é celebrado pelas pessoas mortas por Cláudio, as quais vislumbram vingança.

286 Caio Sílio casou-se publicamente com Messalina. Ela e outros cúmplices foram mortos depois. Cf. Suetônio, *Cláudio,* 26; Tácito, *Anais,* XI, 12, 26-36. Os outros nomes que aparecem são também citados pelos historiadores, menos Marco Hélvio, Cota e Fábio, que são desconhecidos.

287 O ator Mnester já estava na corte no tempo de Calígula (Suetônio, *Calígula,* 55): *Mnesterem pantomimum etiam inter spectacula osculabatur* (em pleno espetáculo, beijava o pantomimo Mnester). Ao lado de outros citados, Mnester tinha sido amante de Messalina e, consequentemente, levado à morte. *Dum histrio cubiculum principis insultauerit* (enquanto um histrião insultava o leito conjugal do príncipe) é passagem de Tácito (*Anais* XI, 28).

288 Políbio é o famoso liberto de Cláudio, a quem Sêneca se dirige em uma das três Cartas Consolatórias. Arpocra é citado em Suetônio, *Cláudio,* 28. Os outros são desconhecidos.

289 O primeiro, Justo Catônio, é citado por Dion Cássio, LX, 18. Cláudio o matou induzido por Messalina, temerosa de que fossem revelados atos que ela cometeu. O segundo é citado pelo mesmo Dion Cássio, LX, 23, mas não se conhecem as circunstâncias de sua morte.

290 Saturnino Lúsio e Cornélio Lupo foram condenados por Públio Suílio, o delator usado por Messalina. Celer Asínio foi cônsul em 38 d.C. Pedo Pompeio, que terá papel relevante no restante do texto, é desconhecido. Para Públio Suílio, cf. Tácito, *Anais,* XIII, 43.

291 Júlia Livila (filha de Germânico), Júlia (filha de Livila), Lúcio Silano e Pompeio Magno, Ápio Silano e Crasso Frugi, Escribônia e Domícia Lépida.

Página 177:

292 A primeira parte da citação é paródia da fórmula dos filósofos gregos "Tudo está pleno de divindades". Aristóteles (*De anima,* 411a7). Virgílio (*Bucólicas,* III, 60) usa de *Iouis omnia plena.* No trecho acima, Cláudio substitui por "amigos" a palavra "deuses".

A pergunta do imperador remete, na segunda parte de citação, aos famosos esquecimentos do que já havia feito às pessoas.

293 Junto de Minos e Radamante, Éaco é também no inferno juiz das almas dos mortos. Éaco baseia-se na *lex Cornelia de sicariis et ueneficiis,* de 81 a.C., que estabeleceu a pena de morte como sanção aplicável a quem praticasse envenenamento que resultasse em perda da vida, assim como a quem desse, preparasse, vendesse ou fabricasse o veneno.

294 Os dados encontram-se também em Suetônio (*Cláudio,* 29). Ὅσα ψάμαθός τε κόνις τε é verso de Homero (*Ilíada,* IX, 385).

295 Públio Petrônio aparece em Tácito (*Anais,* III, 49 e VI, 45).

296 Éaco aplica a lei do olho por olho, dente por dente, comum nos juízos infernais. Ironicamente, Éaco, com uma injustiça, posto que Cláudio fora julgado sumariamente, faz a justiça.

297 Sêneca brinca com a personalidade de Cláudio, afirmando que o imperador, quando julgava apressadamente e de qualquer forma, sabia o que estava fazendo, por isso não era inesperado ser julgado rapidamente pelo juiz infernal.

Página 179:

298 Sísifo foi o fundador de Corinto. Várias são as lendas que se relacionam com a sua astúcia. A *Odisseia* relata que Sísifo denunciara Zeus pelo rapto da filha de Asopo e o deus, irritado, envia Tânato (a Morte) ao encalço de Sísifo. Este, de surpresa, acorrenta a morte. Zeus teve que intervir para que a morte voltasse a desempenhar a sua missão. Sísifo é morto e convence Hades a deixá-lo retornar. Quando morreu de vez na velhice, foi condenado pelos deuses a rolar eternamente um enorme rochedo até o alto de uma montanha, caindo a pedra, novamente, das costas dele, e ele recomeçando o trabalho eternamente.

Tântalo foi castigado por seu orgulho, porque ao ser convidado a ceiar com os deuses teria revelado segredos divinos aos homens. Entre as lendas, dizia-se que seu suplício eram a fome e a sede eternas. Ixíon atreveu-se a namorar Hera, e como castigo Zeus o amarrou a uma roda em chamas que girava sem parar.

299 Cláudio tinha uma extrema predileção por jogos de azar a ponto de escrever um tratado sobre o assunto. Em Suetônio (*Cláudio,* 33), relata-se que o imperador chegou a adaptar o tabuleiro no carro em que viajava de tal modo que podia jogar tranquilamente. *Solitus etiam in gestatione ludere, ita essedo alueoque adaptatis ne lusus confunderetur* (costumava jogar até mesmo no carro em que viajava, e o tabuleiro se achava tão bem ajustado à viatura que o jogo não se baralhava).

300 Caio César Calígula não foi divinizado e, portanto, só poderia estar no inferno, ainda mais por ter se indisposto com Sêneca a ponto de quase mandar matá-lo.

301 Suetônio (*Calígula,* 23) relata: *Nam Claudium patruum non nisi in ludibrium reseruauit* (com efeito, não conservou Cláudio, seu tio paterno, a não ser para zombaria).

302 Como diz Suetônio (*Cláudio,* 29), *His, ut dixi, uxoribusque addictus, non principem, sed ministrum egit* (ele, como eu disse, entregue às mulheres, representou o papel não de um príncipe, mas o de um escravo). Sêneca, assim, põe fim a Cláudio, reduzindo-o a escravo de um escravo.

Referências Bibliograficas

Textos

PETRÔNIO, *Satyricon*. SENECA, *Apocolocyntosis*. Londres: Harvard University Press, Loeb Classical Library, 2005.

SÉNÈQUE. *L'Apocoloquintose du divin Claude*. Texto estabelecido por René Waltz. Paris. Editora Les Belles Lettres, 1934.

Dicionários e Gramáticas

FERREIRA, António Gomes. *Dicionário de Latim-Português*. Porto, Portugal: Porto Editora, 1993.

GRIMAL, Pierre. *Dicionário de Mitologia Grega e Romana*. Rio de Janeiro: Editora Bertrand Brasil, 2005.

PRIOR, Richard E. e WOHLBERG, Joseph. *501 latin verbs*. New York, EUA: Barron's Educational Series, Inc, 1995.

RAGON. *Gramática Latina*. São Paulo, Brasil: Editora do Brasil, 1961.

SARAIVA. *Novíssimo dicionário Latino-português*. Rio de Janeiro: Livraria Garnier, 2000.

Artigos

BRAREN, Ingeborg. O mausoléu de Augusto e a *Apocolocintose* de Sêneca. *Clássica*, São Paulo, 7/8: 165-170, 1994/1995.

CORASSIN, Maria Luiza. Sêneca entre a colaboração e a oposição. *Letras Clássicas*, São Paulo, nº. 3: 275-285, 1999.

FAVERSANI, Fábio. A concepção de Estado em Sêneca. *Boletim do CPA*, Campinas, nº. 5/6: 223-234, jan./dez. 1998.

GRAMMATICO, Giuseppina. Silencio y furor em la *Apokolokynthosis* de Sêneca. *Letras Clássicas*, São Paulo, nº. 3: 109-127, 1999.

OLIVA NETO, João Ângelo. Riso invectivo vs. Riso anódino e as espécies de iambo, comédia e sátira. *Letras Clássicas*, São Paulo, nº. 7: 77-98, 2003.

VAN RAIJ, Cleonice Furtado de Mendonça. A filosofia da dor nas *Consolações* de Sêneca. *Letras Clássicas*, São Paulo, nº. 3: 11-21, 1999.

OBRAS DE APOIO

A VIDA E OS FEITOS DO DIVINO AUGUSTO/ TEXTOS DE SUETÔNIO E AUGUSTO. Trad. de Matheus Trevizam, Paulo Sérgio Vasconcellos, Antônio Martinez de Rezende. Belo Horizonte: Editora UFMG, 2007.

ALFÖDY, Géza. *A história social de Roma*. Lisboa, Portugal: Editorial Presença. 1989.

ANDERSON, William S. *Essays on Roman Satire*. Editora Princeton University. 1982.

ARISTÓTELES, HORÁCIO, LONGINO. *A Poética Clássica*. São Paulo: Editora Cultrix, 1997.

ARISTÓTELES. *De anima*. Tradução de Maria Cecília Gomes dos Reis. São Paulo: Editora 34, 2006.

AZEVEDO, Fernando de. *No tempo de Petrônio*. São Paulo: Edições Melhoramentos, 1962.

BAKHTIN, Mikhail. *Problemas da poética de Dostoievski*. Tradução de Paulo Bezerra. Rio de Janeiro: Editora Forense-Universitária, 1981.

CARCOPINO, Jérôme. *A vida cotidiana em Roma no apogeu do Império*. Lisboa: Edição Livros do Brasil Lisboa, s/d.

CATULO. *O livro de Catulo*. Tradução de João Ângelo Oliva Neto. São Paulo, Edusp. 1996.

CÉSAR, Caio Júlio. *Commentarii de bello Gallico*. Edição anotada por Joaquim Freire de Macedo. Lisboa: Aillaud e Cia, sd.

CÍCERO. *Cartas a Ático*. Madrid: Editorial Gredos, 1996. 2 volumes.

D'ÓNOFRIO, Salvatore. *Os Motivos da Sátira Romana*. Marília, Editora Alfa, 1968.

ECO, Umberto. *Quase a mesma coisa: experiências de tradução*. Rio de Janeiro: Editora Record, 2007.

FEDRO. *Fábulas*. Trad. de Antônio Inácio de Mesquita Neves. São Paulo: Editora Átomo, 2001.

FRYE, Northrop. *Anatomia da Crítica*. Tradução de Péricles Eugênio da Silva Ramos. São Paulo: Ed. Cultrix, 1957.

GIARDINA, Andrea. *O Homem Romano*. Lisboa: Editorial Presença, 1992.

GRIMAL, Pierre. *A Civilização Romana*. Lisboa: Edições 70, 2001.

__________. *O século de Augusto*. Lisboa: Edições 70, 1992.

__________. *Senèque*. Paris: Editora PUF, 1994.

HOMERO. *Ilíada*. Trad. de Frederico Lourenço. Lisboa, Portugal: Editores Biblioteca Independentes, 2007.

__________. *Odisséia*. Tradução de G.D. Leoni. São Paulo: Editora Atena, 1960.

HORACE. *Satires*. Les Belles Lettres. Paris. 2002.

HORACIO. *Sátiras*. Madrid: Alianza Editorial, 2001.

JUVÉNAL. *Satires*. Paris: Les Belles Lettres, 2002.

LAERTIOS, *Diógenes*. Vidas e doutrinas dos filósofos ilustres. Tradução de Mário da Gama Kury. Brasília: Editora da Universidade de Brasília, 1988.

LUCIANO DE SAMÓSATA. *Diálogos de los dioses*. Madrid, Espanha: Ediciones Clásicas, 2006.

__________. *Diálogos dos mortos*. Tradução de Henrique G. Murachco. São Paulo: Edusp, 2007.

MARCIAL. *Epigramas*. Lisboa, Portugal: Edições 70. 4 volumes. 2000.

MINOIS, Georges. *História do riso e do escárnio*. São Paulo: Editora Unesp.

OVÍDIO. *Metamorfosis*. Madrid, Espanha: Alianza Editorial, 2003.

PARATORE, Ettore. *História da Literatura Latina*. Lisboa, Portugal: Fundação Calouste Gulbenkian, 1983.

PEREIRA, Maria Helena da Rocha. *Estudos de História da Cultura Clássica, vol. 1 e 2*. Lisboa: Fundação Calouste Gulbenkian, 1990.

__________. *Romana: Antologia da cultura latina*. Coimbra, Portugal: Editora Universidade de Coimbra, 1994.

PETRÔNIO. *Satíricon*. Tradução de Cláudio Aquati. São Paulo: Editora Cosac Naify, 2008.

_________. *Satyricon*. Tradução de Sandra Braga Bianchet. Belo Horizonte: Editora Crisálida, 2004.

PROPÉRCIO. *Elegias*. Edição bilíngüe de Franscisca Moya e Antonio Ruiz. Madrid, Espanha: Catedra Letras Universales. 2001.

ROMANELLI, R.C. *Os prefixos latinos*. Belo Horizonte: Editora da Universidade de Minas Gerais, 1964.

SÊNECA. *As troianas*. Tradução de Zelia de Almeida Cardoso. São Paulo: Editora Hucitec, 1997.

_________. *Cartas a Lucílio*.Tradução de J. A. Segurado e Campos. Lisboa, Portugal: Fundação Calouste Gulbenkian, 2004.

_________. *Cartas Consolatórias*. Tradução de Cleonice Furtado Mendonça Van Raij. Campinas, São Paulo: Editora Pontes, 1992.

_________. *Octavia*. Tradução de Zelia de Almeida Cardoso. São Paulo, 2002. Texto inédito.

_________. *Sobre a brevidade da vida*. Trad. de Willian Li. São Paulo: Editora Nova Alexandria, 1993.

_________. *Tratado sobre a clemência*. Tradução de Ingeborg Braren. Petrópolis: Editora Vozes, 1990.

SÉNECA. *Medea*. Madrid, Espanha: Editora Gredos, 2001.

SÉNÈQUE. *Octavie*. Paris: Les Belles Lettres, 1998.

SPINA, Segismundo. *Introdução à Poética Clássica*. São Paulo: Editora FTD, 1967.

SUETÔNIO. *A vida dos doze Césares*. Tradução de Sady-Garibaldi. São Paulo: Editora Atena, 1962.

TÁCITO. *Anais*. Rio de Janeiro: Clássicos Jackson Editores, s/d.

_______. *Obras Menores*. Lisboa, Portugal: Livros Horizontes Editora, 1974.

VERGILI, P. Maronis. *Opera*. New York, Estados Unidos: Oxford Classical Texts, 1988.

VERNANT, Jean-Pierre. *Mito e religião na Grécia antiga*. Tradução de Joana Angélica D'Avila Melo. São Paulo: Editora Martins Fontes, 2006.

VEYNE, Paul. *A Sociedade Romana*. Lisboa: Edições 70, 1993.

VIRGÍLIO. *Bucólicas*. Tradução de Raimundo Carvalho. Belo Horizonte: Editora Crisálidas, 2005.

Referências em Meio Eletrônico

http://bestlatin.net/zoo/mus.htm

http://penelope.uchicago.edu/Thayer/E/Roman/Texts/Cassius_Dio/home.html

http://www.thelatinlibrary.com/

Papel pólen soft 80g/m²
Tipologias Garamond Pro 10,5 e Trajan Pro 14 e 22
Impresso no inverno de 2021